AF545567

# Die 5 Säulen der Selbstliebe

Wie Sie ab sofort alle Selbstzweifel und negativen Gedanken loswerden und zu einem neuen Leben voller Selbstbewusstsein und positivem Denken finden (inkl. Workbook)

**Haftung für externe Links**

Unser Angebot enthält Links zu externen Websites Dritter, auf deren Inhalte wir keinen Einfluss haben. Deshalb können wir für diese fremden Inhalte auch keine Gewähr übernehmen. Für die Inhalte der verlinkten Seiten ist stets der jeweilige Anbieter oder Betreiber der Seiten verantwortlich. Die verlinkten Seiten wurden zum Zeitpunkt der Verlinkung auf mögliche Rechtsverstöße überprüft. Rechtswidrige Inhalte waren zum Zeitpunkt der Verlinkung nicht erkennbar.

# INHALT

# Vorwort

Stellen Sie sich einmal vor, Sie sind ein Stern, welcher sein Leuchten verloren hat und nicht weiß, wie er dieses wiederfinden soll. In diesem Buch möchte ich Sie daher auf eine Reise mitnehmen, welche Sie zurück zu Ihrem Leuchten führt. Es ist eine Reise zurück zu sich selbst.

Sie werden erfahren, wie Sie mit sich selbst besonders liebevoll umgehen können, wie Sie es eigentlich schon Ihr ganzes Leben lang verdienen. Sie werden erfahren, wie Sie Ihr Leben und vor allem auch Ihren Alltag so gestalten können, dass es Ihnen rundum gutgeht und Sie dazu in der Lage sind, die innere Ruhe zu finden und bei sich selbst anzukommen. Sie werden auf dieser Reise einen inneren Raum entdecken, welchen Sie mit Freude, Glück, Liebe und tiefer Erfüllung bestücken können, damit Sie sich bei und mit sich selbst wohlfühlen können. Wenn Ihnen das gelingt, werden Sie sich selbst nicht mehr verlassen wollen, egal, welche Hindernisse sich Ihnen in den Weg stellen. Auf dieser Reise werden Sie Ihr Leuchten wiederfinden.

Zudem werden Sie auf dieser Reise auch Ihr inneres Kind treffen. Es besteht die Möglichkeit, dass Sie herausfinden, warum dieses innere Kind immer noch traurig ist. Sie werden das innere Kind tröstend in Ihre Arme schließen, wieder klar sehen und verstehen können und lernen, wie Sie Ihrem inneren Kind das geben können, was es braucht, damit dessen Wunden heilen können und es wieder glücklich sein kann.

Diese Reise wird Ihnen dazu dienen, zu Ihrem Urvertrauen zurückzukehren. Sie werden Ihren inneren Frieden finden. Dieses Buch hält zwei wunderbare und sehr wirksame Strategien bereit, durch welche Sie lernen werden, sich selbst mit sehr viel Liebe und Freude auszufüllen, um endlich wieder richtig leuchten zu können. Ich schenke Ihnen mit diesem Buch eine liebevolle Anleitung sowie konkrete und praktische Schritte, um zu lernen, wie Sie erreichen können, dass Sie von nun an ein Leben in voller Selbstliebe und in tiefer Verbundenheit mit sich selbst führen können.

Als Sie sich für dieses Buch entschieden haben, zeigten Sie bereits, dass Sie bereit dafür sind, sich auf diese Reise einzulassen. Gehen Sie nun einen Schritt weiter und studieren Sie die nächsten Seiten gründlich, um Ihr eigenes Licht wieder entfachen zu können. Nur so können Sie unsere Welt und Ihre eigene Umgebung auf ganz besondere und einzigartige Weise mit Ihrem Leuchten erfüllen.

Von nun an dürfen Sie sich auf ganzer Linie mit viel Liebe sich selbst zuwenden. Sie dürfen sich nun wichtig nehmen. Ein Mensch ist wie ein Stern. Ein Stern erhellt sich und seine Umgebung ganz von selbst. Sie brauchen sich daher keine Sorgen zu machen, dass dies egoistisch sein könnte. Wenn Sie den Menschen um sich herum ein großes Geschenk machen wollen, dann sind Sie damit, sich selbst so sehr zu lieben, dass Sie nun von innen heraus wieder leuchten können, auf dem richtigen Weg. Es ist Ihnen erlaubt, sich dieses Geschenk selbst zu machen.

Sie sind wichtig und Sie verdienen die Liebe des Universums. Jeder Mensch sucht in seinem Leben nach der großen Liebe. Die Wahrheit ist, dass die große Liebe eines jeden Menschen er selbst ist. Sie sind nun herzlich eingeladen, Ihre eigene Liebesgeschichte zu beginnen. Ich wünsche Ihnen dabei sehr viel Freude und sehr viel Erfolg beim Umsetzen der Übungen und beim Anwenden der Anleitungen. Diese werden eine positive Veränderung in Ihr Leben bringen.

# Kapitel 1: Was ist Selbstliebe?

Wahrscheinlich geht es auch Ihnen manchmal so, dass Sie immer wieder einige Makel an sich entdecken und stets und ständig etwas an sich auszusetzen haben. Der Bauch ist zu dick, die Brust zu klein oder Ihre Karriere geht nicht so vorwärts, wie Sie es wünschen. Es fällt Ihnen alles andere als leicht, Ihr Leben so zu akzeptieren, wie es ist, weil Sie sehen, dass es bei anderen ganz anders verläuft. Dabei ist die Selbstliebe eine der wichtigsten Voraussetzungen, die ein Mensch braucht, um ein zufriedenes Leben zu führen. Aber was verbirgt sich überhaupt hinter dem Wort „Selbstliebe"? Bevor ich diesen Ratgeber schrieb und mich selbst mit dem Thema intensiv auseinandersetzte, nahm ich tatsächlich oft an, dass Selbstliebe etwas Schlechtes ist, da mein privates Umfeld immer wieder Sprüche wie „Der ist aber selbstverliebt" äußerte und deren Tonlage dabei sehr abfällig war.

Doch ich habe mir gedacht, dass es doch nicht so schlecht sein kann, wenn man sich selbst liebt. Und tatsächlich: Selbstliebe ist sogar sehr wichtig. Damit auch Sie dies verstehen können, dass sich viel mehr als nur negative Aspekte hinter dem Wort verbergen und dass es alles andere als falsch und negativ ist, Liebe für sich selbst zu empfinden, sollten Sie Ihre Aufmerksamkeit unbedingt dem folgenden Text zum Thema schenken. Erich Fromm (deutsch-US-amerikanischer Psychoanalytiker, Philosoph und Sozialpsychologe) sagte einmal folgenden Satz:

> *„Es stimmt, dass selbstsüchtige Menschen unfähig sind, andere zu lieben. Sie sind jedoch genauso unfähig, sich selbst zu lieben."*

Nein, die Selbstliebe ist tatsächlich kein Phänomen der Neuzeit. Bereits Erich Fromm setze sich im 20. Jahrhundert damit auseinander. Aber was verbirgt sich denn nun hinter diesem Begriff? Welche Verbindung besteht zwischen Selbstliebe und Narzissmus? Und was hat übertriebener Egoismus mit Selbstliebe zu tun? Schauen wir uns doch dazu einmal die Definition von Selbstliebe an:

**Definition Selbstliebe**: Die Selbstliebe wird auch Eigenliebe genannt. Hiermit ist die uneingeschränkte Liebe zu sich selbst gemeint. Selbstliebe ist sinnverwandt mit der Selbstannahme, Selbstachtung, Selbstvertrauen, dem Selbstwert und der Selbstzuwendung. Als Synonym für diese Begriffe kann man Selbstliebe jedoch nicht verwenden.

Um herauszufinden, welche Verbindung zwischen Selbstliebe und Narzissmus besteht, müssen wir auch einen Blick auf die Definition von Narzissmus werfen.

**Definition Narzissmus**: Hinter dem Begriff Narzissmus versteckt sich ein sehr extremes Bedürfnis bezüglich der Aufmerksamkeit, Anerkennung und Bewunderung. Narzisstische Menschen sind oftmals sehr arrogant und idealisieren sich selbst. Außerdem ertragen sie auch keine Kritik. Wenn sie Misserfolge erleben, können diese sie in sehr schwere Krisen stürzen.

Wie sich die Selbstliebe vom Egoismus unterscheidet, können wir anhand der Definition von Egoismus bereits gut erkennen.

**Definition Egoismus:** Wenn von Egoismus die Rede ist, so meint man das Eigeninteresse beziehungsweise die Eigennützigkeit.

Wir können also folgende Erkenntnis festhalten: Selbstliebe meint, dass sich ein Mensch selbst gut behandelt, auf andere Rücksicht nimmt und mentale Freiheit erlebt. Durch die Selbstliebe wird bestimmt, wie eine Person zu sich und auch zu anderen ist. Der letzte Punkt zeigt ganz deutlich, dass es eine starke Abgrenzung zu Narzissmus und Egoismus gibt. Weder bei Egoismus noch bei Narzissmus hat das positive Verhalten anderen gegenüber eine Bedeutung.

## 1.1 DAS INNERE KIND

Es gibt psychologische Theorien, welche besagen, dass Menschen wenig Selbstliebe in sich tragen, wenn ihnen als Kind Liebe und Anerkennung verwehrt blieben. John Bradshaw (Philosoph und Psychologe) meint, dass das innere Kind eines Menschen in dessen Unterbewusstsein sitzt. Dort vereint es verschiedene Gefühle wie Angst vor dem Verlassenwerden, Glück und auch Schmerz. Ihm zufolge haben Menschen in ihrem Erwachsenenleben ein sehr starkes Verlangen nach Bestätigung, wenn sie besonders in den ersten Lebensjahren wenig Liebe erfahren haben.

## 1.2 SELBSTLIEBE ALS VORAUSSETZUNG

Für Erich Fromm ist die Selbstliebe eine sehr wichtige Grundlage dafür, dass ein Mensch auch andere lieben kann. Es gibt psychotherapeutische Konzepte, beispielsweise die psychodynamische imaginäre Traumatherapie, welche von Luise Reddemann entwickelt wurde. Diese beschreibt die Selbstliebe als wichtige Voraussetzung dafür, dass ein Mensch eine gute Verbindung zu anderen Menschen und der Welt haben kann.

Die Selbstliebe ist zudem eine sehr wichtige Säule des Selbstwertgefühls. Dieses stellt wiederum eine Basis für den wertschätzenden Umgang mit anderen dar. Wie ein Mensch mit anderen interagiert, wird zu einem sehr wesentlichen Teil durch die Selbstliebe geprägt. Ebenfalls sehr wichtig ist das Selbstvertrauen. Selbstvertrauen beschreibt das Vertrauen in die eigenen Fähigkeiten, wie man sein Leben gestalten und die eigenen Ziele erreichen kann.

## 1.3 SO KANN MAN SELBSTLIEBE STÄRKEN

Menschen, denen es an Selbstliebe mangelt, können an dieser Stelle aufatmen, denn es gibt tatsächlich verschiedene Möglichkeiten, wie man diese stärken kann. Unter anderem zählt dazu der Erwerb von Wissen über das Thema, die Übernahme von Verantwortung und die Entwicklung eines Bewusstseins für verschiedene Kompetenzen.

Sehr hilfreich kann dabei sein, dass man sich einen zugewandt-liebevollen Begleiter vorstellt, welcher der eigenen kritischen Stimme gegenübersteht. Er lässt sich auch durch verschiedene Symbole oder Objekte visualisieren.

Luise Reddemann nutzt hier beispielsweise das Bild eines Hauses, welches viele Zimmer hat. Zu dem Haus gehört auch eine Herrin, welche bestimmt, in welchem Zimmer sich die Gäste aufhalten dürfen. Gäste, die nicht willkommen sind, können ganz einfach weggeschickt werden. Demzufolge können so auch die kritischen Stimmen weggeschickt werden.

## 1.4 DER WEG VON DER SELBSTERKENNTNIS ZUR SELBSTWIRKSAMKEIT

Wie bereits erwähnt, können erwachsene Menschen die Selbstliebe erlernen. Hierfür ist das bewusste Handeln notwendig. Auch der Aktivist Jan Lenarz hat sich damit auseinandergesetzt. Er glaubt, dass die Selbstliebe auch ein wichtiger Aspekt für die Persönlichkeitsentwicklung ist. Hierfür hat er eine Pyramide erstellt, welche ich Ihnen erklären möchte:

**Stufe 1: Selbsterkenntnis**

Auf der ersten Stufe steht die Selbsterkenntnis. Damit ein Mensch dazu gelangen kann, braucht es zwei sehr wichtige Komponenten: die

Achtsamkeit und die Ruhe. Wer einen Zugang zu sich selbst haben möchte, muss erst einmal herausfinden, wie es ihm gerade geht. Folgende Fragen können dabei unterstützend sein:

- ❖ Bin ich zufrieden?
- ❖ Fühle ich mich gestresst?

Unser Alltag ist sehr hektisch, Job, Familie, Hobby des Kindes und andere Verpflichtungen müssen unter einen Hut bekommen werden. Wenn wir Antworten auf diese Fragen finden wollen, müssen wir uns aber auch einmal aus dem stressigen Alltag zurückziehen und innehalten. Dafür braucht es Stille, um tatsächlich in sich selbst hinein lauschen zu können.

**Stufe 2: Selbstliebe und Selbstakzeptanz**

Wer erkennen konnte, welche Probleme oder Gedanken ihn beschäftigen, kann nun zum zweiten Schritt übergehen: Die Gedanken und Probleme müssen akzeptiert werden und man sollte mild und sanft mit sich selbst umgehen. Als Synonym für diesen Schritt stehen für Jan Lenarz die Begriffe Selbstakzeptanz und Selbstliebe. Ein Mensch, der sich selbst mag und akzeptiert, löst damit ein zufriedenes und entspanntes Gefühl aus.

An dieser Stelle muss ich aber auch Folgendes sagen: Der Weg dahin ist gar nicht so einfach. Leider ist es nämlich so, dass die wenigsten Menschen von Natur aus eine wohlwollende Grundhaltung sich selbst gegenüber haben. Jeder Mensch hat innere Kritiker, mit denen er viele Kämpfe ausfechten muss.

Aber auch hier habe ich wieder eine gute Nachricht für Sie: Die Selbstakzeptanz lässt sich nämlich trainieren. Als Erstes muss man natürlich annehmen, dass Krisen nun einmal zum Leben dazugehören und man als Mensch nur sehr wenig Einfluss darauf haben kann. Hier können positive Glaubenssätze eine sehr große Hilfe sein. Auch soziale Kontakte, die einem guttun, können Balsam für die Seele sein. Vermitteln andere Menschen uns das Gefühl, dass sie uns mögen, wird es uns auch leichter fallen, uns selbst zu mögen.

**Stufen 3 und 4: Selbstvertrauen und Selbstsicherheit**

Wenn man die zweite Stufe bewältigt hat, geht es mit dem Selbstvertrauen weiter. Menschen, die an sich selbst glauben, können Herausforderungen meistern. Wenn man also an sich selbst glaubt, verfügt man über eine gewisse Selbstsicherheit. Bei wem dies der Fall ist, der kann seine Fähigkeiten auch anderen gegenüber verteidigen und hat somit auch keine Angst vor Kritik. Wer diese Stufe erreicht, wird die Fehlschläge des Lebens nicht als Scheitern seines Selbst betrachten, sondern vielmehr als Stolpersteine, welche er überwinden kann.

Auf dieser Stufe spielt die Resilienz (das ist die seelische, emotionale Widerstandskraft) eine zentrale Rolle. Wer damit ausgestattet ist, lässt sich auch von Krisen oder schweren Schicksalsschlägen nicht unterbuttern, sondern sieht darin auch eine Möglichkeit zu wachsen. Hierfür hat die amerikanische Psychologenvereinigung ein paar Tipps zusammengestellt:

- Betrachten Sie eine Krise nicht als ein unüberwindbares Problem.
- Glauben Sie an eigene Ziele und Ihr Können.
- Treffen Sie aktiv Entscheidungen.
- Verlassen Sie die Opferrolle.
- Betrachten Sie die Dinge aus einer langfristigen Perspektive.
- Bauen Sie soziale Beziehungen auf.
- Achten Sie auf sich selbst.
- Denken Sie positiv über sich selbst.

**Stufe 5: Selbstwirksamkeit**

Menschen, welche die Spitze der Pyramide erreichen können, sind tatsächlich vollkommen bei sich selbst angekommen. Zudem haben sie auch ein hohes Engagement, um auch über die Spitze hinaus gelangen zu können. Dies kann beispielsweise durch ehrenamtliche oder soziale Aktionen erreicht werden.

## 1.5 IST SELBSTLIEBE WICHTIG FÜR EINE BEZIEHUNG?

Wenn Sie sich an den Satz erinnern, dass man anderen nur lieben kann, wenn man sich selbst liebt, wissen Sie bereits, dass die Selbstliebe tatsächlich auch für Beziehungen wichtig ist, denn wie will man einen anderen Menschen lieben, wenn man für sich selbst noch nicht einmal Liebe übrig hat? Es ist also wichtig, dass man zunächst erst einmal herausfindet, welche Werte man für sich selbst leben möchte. Dies können folgende Werte sein:

- Achtsamkeit
- Hingabe
- Authentische Kommunikation
- Leichtigkeit
- Gesundheit
- Respekt
- Wertschätzung
- Dankbarkeit
- Viele mehr

Schauen Sie, welche dieser Werte Sie bereits leben und in welchen Sie sich noch verbessern können. Wer die Selbstliebe lebt, kann auch gestärkter in eine Beziehung gehen. Lebt man die Werte Klarheit oder Wertschätzung, wird dies auch automatisch in anderen Bereichen ausgestrahlt. Zu einer Beziehung gehört dazu, dass man kommuniziert und klarmacht, was man sich wünscht, denn das ist bereits Selbstliebe.

## 1.6 MANGEL AN SELBSTLIEBE – ABER WOHER KOMMT ER?

Oftmals liegt der Ursprung dafür bereits in unserer Kindheit. Wir alle sind unterschiedlich und somit auch unsere Interpretationen. Wenn sich bei Kindern das Gefühl häuft, dass sie verschiedene Aufgaben nicht zur Zufriedenheit der Eltern erledigt haben, prägt sich daher sehr häufig der negative Glaubenssatz ein, dass man nicht gut genug sei.

Immer wieder musste man sich selbst verbessern, sich anpassen und konnte sich nicht so zeigen, wie man in Wirklichkeit war. Bei vielen führte das dazu, dass die Selbstliebe nur in sehr geringen Maßen erfahren wurde. Und weil dies der Fall ist, hat man sich die Anerkennung von außen geholt. Sie fragen sich, wie? Es gibt tatsächlich Kinder, die dann alles tun, um den Lehrern zu gefallen, oder stets und ständig der alten Frau auf der Straße etwas Gutes tun wollen und dafür eine Bestätigung einfordern. Versuchen Sie sich einmal dahin gehend zu reflektieren, denn es ist wichtig, die Vergangenheit aufzuarbeiten.

In den meisten Fällen haben die Eltern damit jedoch keine bösen Absichten verfolgt. Immerhin sind sie auch nur Menschen und handeln aufgrund ihrer kindlichen Prägung und ihrer Erfahrungen. Besonders Eltern der Nachkriegsgeneration sind hierbei durch Angst geleitet. Es herrschen beispielsweise Ängste davor, dass die Kinder auf der Strecke bleiben und sich nicht schnell genug entwickeln würden. Der Fokus der Eltern lag dabei immer auf den Dingen, welche in ihren eigenen Augen korrigiert werden mussten, und nicht darauf, was die Kinder bereits konnten.

An dieser Stelle möchte ich Sie aber auch darauf hinweisen, dass Sie die Erlebnisse aus Ihrer Vergangenheit nicht dauerhaft als einen Freifahrtschein betrachten sollten, denn so würden Sie in den alten Mustern weiterleben. Ein Großteil der Eltern ist damit dem System des Vergleichs erlegen. Wenn sich dieses auch in den Köpfen der Kinder einnistet, werden auch diese damit beginnen, sich mit anderen zu vergleichen. Die eigenen Gedanken zählen nicht länger, sondern das, was andere denken, haben oder sind. Ein gutes Beispiel, was das Ganze verdeutlicht, sind die neuesten und teuersten Kleidungsstücke.

*„Der Vergleich mit anderen macht dich blind für das Original, das du bist."* - Laura Malina Seiler

## 1.7 WARUM DAS ERLERNEN DER SELBSTLIEBE OFTMALS NICHT GELINGT

Kein Mensch kann alle Sachen gleich gut. Daher kann niemand auf allen Gebieten die gewünschte Anerkennung von anderen bekommen. Dennoch ist es so, dass jeder Mensch verschiedene Strategien entwickelt, um Anerkennung oder Aufmerksamkeit sicherzustellen. Ja, auch Sie zählen dazu.

Wer in der Schule nach Aufmerksamkeit sucht, kann beispielsweise als Klassenclown aktiv werden und bekommt durch seine Albernheiten von den Lehrern jede Menge Aufmerksamkeit. Durch diese Albernheiten wird allerdings oftmals kaschiert, dass es einem nicht gutgeht. Die Albernheiten dienen dann dazu, dass man von anderen gesehen wird. Möglicherweise möchte der Klassenclown auch einmal von anderen in den Arm genommen werden. Da er aber eine Maske aufgesetzt hat und eine Rolle spielt, hat er die Verbindung zu seinem wahren Ich verloren.

Tief in ihm drin brodelt es sehr stark und die Wut sowie der Frust stauen sich an. Der Klassenclown möchte gesehen werden, wie er wirklich ist. Das Ziel muss hier sein, die Maske vom Gesicht zu nehmen, um authentisch zu sein.

Aber nicht nur in der Schule oder als Kind setzt man eine Maske auf. Auch wir Erwachsenen machen dies sehr häufig. Leider gelingt es nur sehr selten und sehr wenigen Menschen, die Maske auch wieder abzunehmen, da man daran gewöhnt ist, von anderen bewertet zu werden.

# Kapitel 2: Die Selbstliebe und ihre positiven Seiten

Wie bereits erwähnt, verbinden zahlreiche Menschen einen negativen Beigeschmack mit dem Wort Selbstliebe. Dabei hat es tatsächlich jede Menge Vorteile, wenn man sich selbst liebt – nicht nur für einen selbst, sondern auch für andere Menschen.

Ein Großteil der Menschen hat große Sehnsucht danach, dass andere einen mögen und lieben. Daher werden sehr viel Zeit und Energie investiert, um die Anerkennung und die Liebe durch andere tatsächlich zu erfahren. Eine traurige Tatsache ist, dass sich viele Menschen hierbei jedoch selbst aufgeben und sogar ihre eigene Meinung und ihre eigenen Wünsche vollkommen aus den Augen verlieren. Und all das nur, um von anderen Menschen geliebt zu werden und Anerkennung zu erfahren. Wir sind selbst davon überzeugt, dass es anderen Menschen guttut, wenn sie von uns geliebt werden. Möglicherweise ist es auch so, dass wir unsere Liebe dafür nutzen, um andere für deren Wohlverhalten zu belohnen. Andererseits entziehen wir anderen auch unsere Liebe, wenn sie sich nicht so verhalten, wie wir es erwarten.

Geht es um Selbstliebe, so gibt es hier allerdings sehr viele Vorbehalte. Wir wünschen uns zwar sehnlichst die Liebe und Anerkennung von anderen, vergessen dabei aber sehr oft, dass wir uns selbst auch lieben sollten. Manche Menschen nehmen oftmals sogar an, dass die sich erst selbst lieben können, wenn die eigenen Fehler und auch die Schwächen vollkommen beseitigt wurden. Mit anderen Worten: Viele glauben, dass Selbstliebe nur dann möglich ist, wenn man Perfektion erreicht. Allerdings gibt es auf der ganzen Welt keinen Menschen, der rundum perfekt ist.

Oftmals wird die Selbstliebe daher mit Egoismus verwechselt oder auch mit Narzissmus oder Überheblichkeit. Somit wird sich dann gegen die Selbstliebe gewehrt, denn niemand möchte, dass andere Menschen einen für selbstsüchtig oder egoistisch halten. Egal, welche Gründe ein Mensch hat, sich selbst nicht zu lieben, durch den Mangel an Selbstliebe gehen so viele andere Dinge verloren bzw. werden gar nicht erst wahrgenommen. Die Selbstliebe hat sehr wohl einen positiven Einfluss auf unser Leben, unser Umfeld und vor allem auf unsere Mitmenschen. Damit Ihnen dies bewusst wird, habe ich sechs wichtige Vorteile für Sie zusammengefasst.

## VORTEILE

**1) Selbstvertrauen und innere Stärke**

Ein Mensch, der dazu in der Lage ist, sich selbst zu lieben, ist auch nicht länger davon abhängig, die Zuneigung anderer Menschen zu erhaschen. Zudem hat er auch keine Angst, die Anerkennung, welche er durch andere erfährt, verlieren zu können. Außerdem kann er das tun und sagen, was er selbst für richtig hält. Hinzu kommt, dass es viel leichter fällt, auf andere zuzugehen und somit neue Kontakte zu knüpfen. Die Angst vor Ablehnung existiert nicht länger. Anderen gegenüber kann er sich vollkommen ehrlich und aufrichtig zeigen. Die Annahme von Komplimenten fällt gar nicht schwer und auch nicht, selbst Komplimente auszusprechen.

**2) Attraktiv für andere**

Wer Selbstliebe lebt, wird schnell bemerken, dass seine Mitmenschen sehr gern mit ihm zusammen sind. Der Grund dafür ist die Ausgeglichenheit und auch sonst eine sehr positive und offene Ausstrahlung. Wer sich selbst liebt, muss sich nicht verbiegen und auch nicht um die Liebe anderer betteln. Daher nehmen andere einen als eine starke Persönlichkeit wahr und begegnen einem mit Respekt.

### 3) Emotionale Stabilität

Ein Mensch, der für sich selbst genügend Liebe empfinden kann, fordert die Liebe, Zuneigung und Anerkennung von anderen nicht ein, er genießt die Anerkennung bereits und ist nicht von anderen abhängig. Wenn man wenige Erwartungen an andere hat, bringt das auch den positiven Effekt mit sich, dass keine Enttäuschung durch andere erlebt wird. Aus diesem Grund verspürt man auch weniger Wut oder Ärger, fühlt sich weniger gekränkt oder verletzt, wenn einmal jemand einen schnippischen Kommentar oder bösen Blicke für einen übrig hat. Auch die Frustration ist viel geringer. Wer sich selbst lieben kann, fühlt sich auch weniger einsam und hat keine Angst vor Abweisung oder Zurückweisung. Auf emotionaler Ebene ist diese Person vollkommen ausgeglichen.

### 4) In jeder Hinsicht erfolgreich

Wenn man sich nicht für eigene Fehler oder Misserfolge selbst verurteilt, hat man auch keine Angst vor ihnen. Das führt dazu, dass man viel eher Entscheidungen trifft, ein Risiko eingeht und auf privater und beruflicher Ebene erfolgreicher wird. Aufgrund des stark ausgeprägten Selbstvertrauens fällt der Umgang mit Problemen viel leichter und diese können letztlich auch eher überwunden werden. Wer sich selbst liebt, glaubt auch an sich und die Fähigkeiten, die in einem stecken. Er glaubt ebenfalls daran, dass er seine gesetzten Ziele erreicht. Von Kritik anderer und auch allgemein von anderen lässt man sich nicht verunsichern und geht seinen Weg.

### 5) Großzügigkeit und Toleranz

Wer in sich selbst ruht und vollkommen zufrieden mit sich selbst ist, wird auch anderen Menschen gegenüber großzügiger sein. Somit kann man anderen Menschen Liebe schenken, ihnen schneller verzeihen, wenn sie einmal einen Fehler gemacht haben, Unterstützung bieten und die anderen Menschen mit deren Eigenheiten tolerieren.

## 6) Wer sich selbst liebt, behandelt sich auch selbst gut

Die Überschrift sagt bereits alles. Wenn wir uns selbst lieben, so gehen wir auch mit uns selbst gut um, wie wir es auch mit anderen Menschen machen, die für uns sehr wichtig sind. Immerhin möchte niemand den geliebten Menschen schaden, sondern stets um dessen Wohlbefinden bemüht sein.

Man achtet auf gesunde Ernährung, auf ausreichend Schlaf und Bewegung und unterlässt die Aktionen, welche auf körperlicher oder emotionaler Ebene Schaden zufügen könnten. Ein Mensch, der sich selbst liebt, macht also alles, dass es ihm rundum gutgeht.

# Kapitel 3: Selbstliebe in wenigen Schritten lernen

Niemand sollte einfach so all das glauben, was andere einem sagen, wenn es um Selbstliebe geht. Diese können Sie sich nur selbst geben und kein anderer kann sie einem beibringen. Damit auch Ihnen das gelingen kann, dürfen Sie erlernen, sich selbst in Ihrem Leben an erste Stelle zu setzen. Es geht darum, das eigene Urvertrauen zurückzugewinnen. Hierfür muss man seinen eigenen Selbstwert erkennen und auch annehmen. Der eigene Selbstwert bildet die Basis für die Selbstliebe. Wer keinen starken Selbstwert hat, wird ein Leben lang fremdbestimmt bleiben.

Wenn man das eigentliche Urvertrauen wiedergefunden hat, wird in einen auch die innere Kraft entfesselt und kann freigelassen werden. Somit kann auch das eigene Potenzial vollkommen entfaltet werden.

Die Aufgabe eines Menschen ist es, sich selbst ganz genau zu überprüfen und das Bild vom eigenen Selbst gut zu betrachten. Hierbei muss vor allem zwischen Selbstwahrnehmung und Fremdwahrnehmung unterschieden werden. Tatsache ist, dass wir die Meinung anderer leider oftmals viel zu ernst nehmen, dabei kennen wir uns selbst doch am besten.

Lassen Sie sich nicht länger Ihren eigenen Wert von der Außenwelt mitteilen. Sie sind der Designer Ihres Lebens, und Ihr Schicksal liegt allein in Ihren Händen. Wenn Sie Ihr inneres Kind annehmen, so wie es ist, sind Sie auch dazu in der Lage, Selbstliebe zu erlernen. Wer sich so annimmt, wie er tatsächlich ist, wird auch frei sein können. Um dies zu erreichen, muss man sich nicht länger nur kritisieren, sondern auch mit jeder Menge Lob begegnen.

## 3.1 TIPPS, UM DIE SELBSTLIEBE IN DEN ALLTAG ZU INTEGRIEREN

### 3.1.1 Eine Tasche voll mit Erbsen

Hierfür nehmen Sie sich tatsächlich zehn Erbsen und Sie stecken diese in Ihre Hosentasche. Nun geht es darum, im Alltag darauf zu achten, was man besonders gut macht. Beispiele: Eine gute Note in der Schule oder im Studium, lachen mit Freunden, Hilfsbereitschaft.

Wenn Sie nun also etwas gemacht haben, wofür es in Ihren Augen Lob bedarf, können Sie eine Erbse aus Ihrer Hosentasche nehmen. Üblicherweise wandern die Erbsen dann in die andere Hosentasche. Je geübter Sie werden, desto weniger Erbsen werden am Tagesende übrig sein und Sie schnell feststellen, wie viele gute Dinge man eigentlich am Tag bereits macht, für die man ein Lob verdient.

### 3.1.2 Ein Tagebuch voller Glück

Schaffen Sie sich hierfür ein kleines Notizbuch an. Legen Sie dieses neben Ihr Bett, dazu einen Stift, damit Sie am Abend zehn Dinge hineinschreiben können, für welche Sie Lob verdienen. Reflektieren Sie also Ihren Tag und schauen Sie ganz genau darauf, was Sie gut gemacht haben und was gut lief. Sie können hineinschreiben, was Sie gut gemacht haben, welche schönen Momente Sie erlebten, oder auch, wie Sie mit anderen Menschen umgegangen sind, damit diese etwas Gutes erfahren.

### 3.1.3 Magic Moments

Diese sorgen nicht nur für tolle Erinnerungen, sondern hinterlassen auch ein unglaublich tolles Gefühl im Herzen. Sie bereiten uns Freude und zaubern uns ein Lächeln auf die Lippen. Tatsächlich können wir die Magic Moments auch selbst kreieren.

Ihre Aufgabe ist es, sich vier Aktivitäten zu überlegen, welche Sie im nächsten Monat machen möchten. Es müssen Aktivitäten sein, welche

Ihnen guttun. Hier einige Beispiele: ein gemütlicher Abend mit Freunden, ein Stadtbummel, eine Wanderung in den Bergen, ein Kinobesuch, schwimmen gehen und noch viele Dinge mehr sind möglich. Ich bin mir sicher, dass Sie eine gute Wahl treffen werden. Mit diesen Übungen können Sie Selbstliebe wunderbar lernen und gleichzeitig auch viel mehr Glück in Ihren Alltag integrieren.

### 3.1.4 Meditation

Es gibt viele verschiedene Meditationsübungen. Zudem gibt es auch sehr viel unterschiedliche, mit denen man sich selbst aus liebevollen Augen betrachten kann. Dadurch kann man eine gesunde Beziehung zu sich selbst aufbauen und die eigene innere Kraft erkennen.

### 3.1.5 Affirmationen

Menschen, die wenig Selbstliebe für sich übrig haben, diese aber erlernen möchten, müssen zunächst ihre negativen Glaubenssätze auflösen, damit sie die eigenen Ziele erreichen und viel positiver durchs Leben gehen können. Hierfür eignen sich Affirmationen wunderbar. Affirmationen sind nichts anderes als positiv formulierte Sätze. An den Inhalt dieser glaubt man selbst und durch ständige Wiederholungen können Sie fest in das Unterbewusstsein hineinwachsen, wodurch man sich selbst stärken kann.

Hier ein paar Beispiele dafür:

---

- Ich bin gut genug.
- Ich bin wertvoll.
- Ich bin stark.
- Ich bin liebenswert.
- Ich nehme mich so an, wie ich bin.
- Ich liebe mich selbst.
- Ich vertraue mir selbst.

# Kapitel 4: Was Menschen, die Selbstliebe leben, anders machen

Wenn man auf verschiedene Social-Media-Kanäle schaut, wird man schnell feststellen, dass die Selbstliebe aktuell im Trend liegt. Man kann sogar sagen, dass ein regelrechter Wettbewerb darum entstanden ist. Wer hat mehr zu bieten? Wer liebt sich selbst am meisten? Vielleicht ist es die Bloggerin, welche ihr hübsch arrangiertes, gesundes Frühstück neben einer Tasse Kaffee mit künstlerischem Milchschaum präsentiert, oder der Jungunternehmer, der in seinem neuen Anzug glänzt und teure Drinks präsentiert.

Diese Bilder präsentieren, dass man sich auch mal etwas gönnen kann. Das soll man natürlich auch tun, denn es ist auch wichtig. Man kann seine Ernährung umstellen und sich fortan nur noch vegetarisch oder vegan ernähren, eine Weltreise unternehmen oder sich teure Kleidung von angesagten Designern schenken lassen. Das gilt besonders für jene Fashion-Blogs, die sehr viel Reichweite haben. Natürlich kann man auch in angesagten Restaurants essen gehen, wo alles auf den Tellern bereits so angerichtet ist, dass man es für die Social-Media-Kanäle wunderbar fotografieren kann.

Wenn man das Ganze so betrachtet, ist es quasi die Pflicht jedes einzelnen Menschen, sich selbst zu lieben. Wahrscheinlich kennen auch Sie folgende Situation: Sie sind auf verschiedenen Social-Media-Kanälen unterwegs, öffnen das Postfach und sehen Nachrichten von Leuten, die Sie gar nicht kennen. Vielleicht klicken Sie dann aus Neugier darauf, um zu erfahren, was diese Person möchte. Oftmals berichten diese Personen davon, wie sie ihr Leben von null auf hundert verändert haben. Der Job wurde gekündigt und macht man eine große Weltreise. Von nun an liebt man sich selbst und das eigene Leben unendlich. Die bisherigen Probleme haben sich im Nullkommanichts aufgelöst. Und dann kommt der Knackpunkt der Nachricht: Es wird Ihnen gesagt, dass auch Sie diesen Weg gehen können und der Nachrichtenverfasser Ihnen dabei ganz wunderbar und einfach helfen könnte.

Aber wenn wir uns damit mal ganz intensiv auseinandersetzen, kommt doch rasch die Frage auf, weshalb es einem dann so schwerfällt? Reicht es tatsächlich aus, wenn man sich einfach nur für die Selbstliebe entscheidet und löst dies wirklich alle Probleme quasi von selbst?

## 4.1 DIE SELBSTLIEBE ALS DAS ALLHEILMITTEL

Wenn man den Satz hört, dass man sich erst selbst lieben muss, bevor andere einen lieben können, so ist dies oftmals wie ein Schlag in die Magengrube. Dabei ist es nicht nur die Tatsache, dass man sich selbst noch nicht genug liebt, sondern auch der Gedanke daran, dass andere einen in diesem Zustand auch nicht lieben können. Das kann ganz schön deprimierend sein, oder?

Ich möchte Sie gern vom Gegenteil überzeugen. Es gibt tatsächlich sehr viele Wege, welche zur Selbstliebe hinführen, ohne dass man sich auf irgendeine Art und Weise unter Druck setzen muss. Und noch etwas gilt es unbedingt zu beachten: Selbstliebe ist nicht gleich Selbstliebe, nur, weil es danach aussieht. Ganz oft kommt es sogar vor, dass die Selbstliebe mit Selbstsucht verwechselt wird.

> *„Selbstsucht und Selbstliebe sind weit davon entfernt, identisch zu sein, in Wirklichkeit sind sie Gegensätze.“* - Erich Fromm

Demzufolge ist die Selbstsucht eine Art Gier. Als Wurzel dieser Gier kann man den Mangel an Selbstliebe betrachten. Die echte Selbstliebe ist jedoch die innere Sicherheit, welche es nur durch echte Liebe geben kann. Auf alle Fälle klingt das nach etwas, wonach man streben kann. Wie bereits erwähnt, ist das nicht immer einfach. Es gibt aber einige Dinge, die auch Ihnen dabei helfen können, Selbstliebe zu erlernen. Ich habe extra für Sie eine Liste mit einigen Dingen, die Menschen anders machen, die bereits Selbstliebe leben, zusammengetragen und möchte Ihnen die einzelnen Punkte nun etwas genauer vorstellen.

**1) Gut zu sich selbst sein**

Jeder Mensch sollte immer gut zu sich selbst sein, auch dann, wenn alles um einen herum anstrengend ist. An dieser Stelle möchte ich Ihnen sagen, dass Sie sich einfach mal ein bisschen verwöhnen sollten, denn das machen sich selbst liebende Menschen tatsächlich regelmäßig. Bei vielen Menschen, denen es an Selbstliebe mangelt, funktioniert das leider nur sehr selten oder gar nicht. Dennoch ist es nicht falsch, diesem Ratschlag zu folgen, man muss nur herausfinden, wie man tatsächlich gut zu sich selbst sein kann. Reflektieren Sie doch einmal die letzten Wochen, Monate oder Jahre und schauen Sie darauf, was Ihnen besonders viel Freude bereitet hat. Integrieren Sie zukünftig viele solcher Momente in Ihrem Alltag ein.

Gut zu sich selbst zu sein, bedeutet auch, dass man Dinge unternimmt, die sowohl für Körper und Geist wohltuend sind. Das können folgende Dinge sein:

- Mehr Bewegung
- Gesünder Essen
- Meditieren
- Social Media freie Zeit

Wir können auch sagen, dass man die Rolle einer Mutter übernimmt, denn eine Mutter weiß im Idealfall immer, was gut für ihr Kind ist.

Natürlich gefällt einem nicht immer, was die eigene Mutter rät, doch langfristig gesehen, können ihre Tipps sehr wohl helfen.

**2) Die eigenen Gedanken erforschen**

Oftmals ist das, was wir denken, nicht automatisch richtig oder wahr. Manchmal können unsere Gedanken dafür sorgen, dass wir auf eine dunkle Seite geraten. Wir glauben unseren Gedanken fast immer viel zu bereitwillig. Das trifft vor allem auf jene zu, die uns klein machen und somit von der Selbstliebe fernhalten. Ein Klassiker ist hier natürlich, dass man von sich selbst glaubt, nicht gut genug zu sein. Oftmals spielen sich ebendiese Gedanken unterbewusst ab. Bevor uns klar wird, dass uns die eigenen Gedanken hier einen Streich spielen, haben sich diese auch schon bei uns als glaubhaft herausgestellt. Menschen, die zur Selbstliebe fähig sind, achten viel mehr auf ihre Gedanken und hinterfragen diese auch. Auch Sie sollten ab und zu mal anhalten und in sich hineinhorchen. Dabei ist es wichtig, die eigenen Gedanken zu beobachten. Welche treffen tatsächlich zu und welche stellen eine Gefahr dar?

**3) Sich selbst vergeben**

Wahrscheinlich kennen Sie auch Folgendes: Sie haben irgendetwas falsch gemacht und Sie können sich dies nicht verzeihen, immerhin ist das ein Beweis für Ihre eigene Unzulänglichkeit. Die anderen haben dieses Vergehen längst vergessen und niemand spricht mehr darüber. Sie selbst vergessen es jedoch niemals und sorgen regelmäßig für Bestrafung.

Oftmals sind das auch Dinge, die weit in die Vergangenheit zurückreichen. An dieser Stelle sollte man sich fragen, was man tun würde, wenn einer anderen Person genau das passiert wäre. Möglicherweise findet man die Sache dann gar nicht mal so schlimm und vergisst sie schon bald. Wer genügend Selbstliebe für sich übrig hat, hält sich an solchen Kleinigkeiten gar nicht erst auf.

### 4) Realistisch sein

Auch, wenn es auf Social-Media-Kanälen so aussieht, werden auch die erfolgreichsten Lifestyle-Blogger nicht jeden Morgen ihr perfektes und vor allem gesundes Frühstück zu sich nehmen. Der Travel-Star wird nicht jeden Tag unter einer wunderschönen Palme sitzen und das Meeresrauschen genießen. Immerhin steht kein Mensch immer auf der Sonnenseite. Daher sollte dies auch niemand von sich selbst erwarten.

Wir werden immer wieder vor Momenten stehen, von denen wir uns wünschen, dass sie gar nicht erst geschehen wären. Sich selbst liebende Menschen wissen, dass nicht immer alles gelingen kann. Misserfolge zu haben, bedeutet nämlich nicht gleich, dass es zahlreiche Gründe dafür gibt, keine Liebe für sich übrig zu haben.

### 5) Das Urteil anderer

Außerdem werden auch die Bewertungen in unserem Alltag nicht ausbleiben. Egal, ob Social Media oder das reale Leben, wir werden immer an Aktivitäten teilhaben, bei denen es um Bewertung geht. Allerdings sollten Sie sich direkt einprägen, dass die Meinung anderer nur subjektiv ist.

> *„Du kannst der reifste, saftigste Pfirsich auf der Welt sein, aber es wird immer jemanden geben, der keine Pfirsiche mag."* - Dita van Teese

### 6) Die Dinge unternehmen, welche einen begeistern

Das ist einfach und großartig. Jeder Mensch sollte die Dinge tun, welche er liebt. Was macht Sie zum Beispiel glücklich und was könnten Sie ewig machen? Hinterfragen Sie auch, was Ihnen Angst bereitet. Überlegen Sie dann, welche Aktivitäten Sie in Ihren Alltag hin und wieder integrieren möchten.

Wichtig ist, dass Sie sich trauen und das wunderbare Gefühl dabei genießen, wenn Sie etwas nur für sich selbst tun und was Sie sich schon lange gewünscht haben. Menschen, die zur Selbstliebe fähig sind, haben längst begriffen, dass man aus seinem Hobby noch lange kein großes Business machen muss.

### 7) Pro Tag ein Kompliment

Auch die kleinen Dinge können manchmal eine sehr große Wirkung erzielen. Daher sollten Sie sich mindestens einmal am Tag ein Kompliment machen. Dieses können Sie sich auch aufschreiben. Hierbei zählt jede Kleinigkeit. Reflektieren Sie Ihren Alltag und schauen Sie, wofür Sie ein Kompliment verdient haben.

**Tipp:** Nehmen Sie sich ein großes, leeres Glas. Schreiben Sie jedes Kompliment auf und stecken Sie den Zettel in das Glas hinein. Sie können dieses Glas dann beispielsweise am Ende des Jahres öffnen und sich die kleinen Zettelchen noch einmal durchlesen. Diese Methode ist recht einfach anzuwenden und stärkt die Selbstliebe.

### 8) Für sich selbst einstehen

In unserem Leben wird es immer wieder Situationen geben, in denen wir vor besonders großen Herausforderungen stehen. Es spielt dabei keine Rolle, ob im privaten oder beruflichen Bereich. Es kann uns überall treffen. Natürlich wäre es jetzt am einfachsten, wenn man den Kopf einfach so hängen lässt und der Konfrontation aus dem Weg geht. Das führt jedoch nur dazu, dass man seinen Frust herunterschluckt. Menschen, welche die Selbstliebe leben, haben bereits verstanden, dass einem nichts Schlimmes passieren kann, wenn man sich der Situation stellt. Schlucken Sie Ihren Frust nicht länger herunter und machen Sie sich für sich selbst stark.

*„Wir brauchen uns nicht weiter vor Auseinandersetzungen, Konflikten und Problemen mit uns selbst und anderen fürchten, denn sogar Sterne knallen manchmal aufeinander und es entstehen neue Welten. Heute weiß ich: Das ist das Leben!"* - Charlie Chaplin

# Kapitel 5: Warum ist Selbstliebe für Sie als Person und für eine Beziehung wichtig?

Wenn wir von Selbstliebe sprechen, müssen wir auch das Selbstbild berücksichtigen. Dieses entwickelt sich bereits und vor allem in frühester Kindheit. Wer in einem liebevollen Umfeld aufwächst, wird von Beginn an lernen, was es bedeutet, wenn andere einen lieben und wertschätzen. Somit kann man auch ein positives Selbstbild entwickeln.

Anders ist es leider bei jenen Personen, die in einem Umfeld aufwachsen, wo es wenig Wertschätzung und Zuneigung gibt. Wenn beides bereits in der Kindheit fehlt, wird es auch im Erwachsenenalter sehr wahrscheinlich sein, was der Betroffene wenig oder keine Selbstliebe übrig hat.

Wie Sie bereits wissen, bedeutet das nicht, dass Erwachsene die Selbstliebe nicht erlernen können. Außerdem heißt das auch nicht, dass die Kindheit dieser Personen vollkommen schrecklich gewesen sein muss und sie eine falsche Erziehung genossen haben. An dieser Stelle möchte ich noch einmal anmerken, dass es nicht zwingend so sein muss, dass es einem Menschen an Selbstliebe fehlt, weil er in der Kindheit wenig Wertschätzung und Zuneigung erfahren hat. Das kann tatsächlich von Mensch zu Mensch unterschiedlich sein.

Einem Menschen kann es zudem auch an Selbstliebe mangeln, wenn er traumatische Ereignisse, eine schmerzhafte Trennung oder auch Mobbing erfahren hat. In diesem Kapitel möchte ich Ihnen zeigen, warum die Selbstliebe auch für eine Beziehung sehr wichtig ist. Dafür habe ich acht Gründe für Sie zusammengetragen, die ich nun näher erklären werde.

## 5.1 DARUM IST SELBSTLIEBE FÜR SIE WICHTIG

**1) Emotional stabil**

Liebt man sich selbst, wird man nicht so schnell bzw. gar nicht von Selbstzweifeln geplagt. Es kann einen nichts so schnell erschüttern oder aus der Fassung bringen.

**2) Selbstvertrauen, innerlich stark**

Es fällt Ihnen leichter, zu sich selbst zu stehen. Der Zuspruch von anderen Menschen wird nicht mehr so stark benötigt. Dadurch wird man unabhängiger und zufriedener. Außerdem lernt man seine Stärken immer besser kennen und schenkt sich immer mehr Vertrauen. Wird man mit Kritik konfrontiert, ist man dagegen resistenter, denn man ist sich seiner Fehler bewusst, kann diese besser akzeptieren und somit besser an ihnen arbeiten.

**3) Man ist fähig, andere zu lieben**

Der Satz wird Ihnen möglicherweise schon ein wenig lästig erscheinen, aber es ist tatsächlich so, dass Ihre Fähigkeit, andere zu lieben, besser werden wird, je mehr Sie sich mit Selbstliebe begegnen.

**4) Großzügigkeit und Toleranz**

Wenn man mit sich selbst im Reinen ist, hat man es keineswegs nötig, über andere Menschen schlechtzureden und diese niederzumachen. Dadurch akzeptiert man auch die Fehler anderer viel eher.

**5) Unabhängig und zufrieden**

Das Verhalten anderer spielt nicht länger eine so zentrale Rolle, wie es bisher der Fall war. Sie werden zufriedener durch Ihr Leben gehen und den Blick auf die schönen Dinge richten können, welche das Universum für Sie parat hat. Zudem müssen Sie nicht ständig Lob durch andere einfordern, denn Sie kennen Ihre Fähigkeiten und Stärken.

**6) Selbstwert und Selbstachtung**

Je mehr die Selbstliebe wächst, desto größer wird auch die Achtung sich selbst gegenüber. Auch der Selbstwert profitiert enorm davon. Sie werden sich immer besser behandeln und es wird Ihnen leichter fallen, achtsam mit Ihren eigenen Bedürfnissen umzugehen.

**7) Schwächen und Stärken eingestehen**

Wer sich selbst liebt, erkennt sowohl seine Stärken als auch seine Schwächen. Vor allem die Schwächen kann man sich dann auch leichter eingestehen. Die Stärken werden viel eher und intensiver wertgeschätzt.

**8) Selbstverwirklichung**

Wer sich selbst nicht ausreichend lieben kann, wird sich auch nicht selbst verwirklichen können. Um genau das zu tun, braucht es Vertrauen in die eigenen Fähigkeiten. Wer ständig an sich herumnörgelt, wird nie zufrieden sein und sich immer wieder selbst im Wege stehen. Dadurch wird es umso schwerer bzw. unmöglich, sich und seine Träume zu verwirklichen.

**9) Zielstrebiger**

Wer sich selbst lieben kann, ist sich auch bewusst, was er im Leben erreichen möchte. Demzufolge wird es auch leichter fallen, am Ball zu bleiben und für seine Ziele zu kämpfen.

**10) Ausgeglichen**

Menschen, die Selbstliebe leben, scheinen vor nichts und niemanden Angst zu haben. Sie sind ausgeglichen und ruhen in sich selbst.

## 5.2 DARUM IST SELBSTLIEBE FÜR BEZIEHUNGEN WICHTIG

**1) Beziehungsstreit**

In jeder Beziehung gibt es Phasen, in der sich die Partner miteinander streiten. Wenn sich eine der beiden Parteien jedoch selbst nichts wert ist, führt das natürlich auch zu innerlicher Unausgeglichenheit. Es ist oftmals so, dass man dies am Partner auslässt. Das stellt jedoch keine gute Basis für eine harmonische Beziehung dar.

Es fängt mit Unstimmigkeiten an und endet dann oftmals in Streit. Wer aber mit sich selbst im Reinen ist, tritt auch seinen Mitmenschen gegenüber viel freundlicher auf. Kleinigkeiten bringen einen nicht so schnell auf die Palme.

**2) Eifersucht**

Nichts ist schlimmer als unbegründete Eifersucht. Wenn es einem Partner an Selbstliebe mangelt, so wird dieser auf viele andere Menschen eifersüchtig sein, und auch das führt wiederum dazu, dass Streitigkeiten auf dem Programm stehen.

Leider kann es dann auch vorkommen, dass man seinen Partner durch die übersteigerte Eifersucht tatsächlich in die Arme eines anderen treibt. Wer jedoch mit sich selbst vollkommen im Reinen ist, der kennt seinen eigenen Wert und kann seinem Partner auch viel eher Vertrauen schenken.

**3) Zu lieben fällt schwerer**

Wer sich selbst nicht lieben kann, wird auch niemals richtig dazu in der Lage sein, einen anderen Menschen zu lieben. Auf der einen Seite steht immer die Angst vor Zurückweisung, da man sich selbst eher als wertlos betrachtet. Auf der anderen Seite ist, wie eben schon beschrieben, die ständige und übertriebene Eifersucht.

**4) Liebe anzunehmen, fällt schwer**

Es ist nicht nur die Tatsache, dass es schwerfällt, Liebe zu geben, sondern auch das Annehmen von Liebe, die einen von anderen Menschen geschenkt wird. Wenn man sich selbst als wertlos oder nicht gut genug betrachtet, steht immer die Frage im Raum, weshalb der andere ausgerechnet einen selbst mögen und lieben könnte.

**5) Emotionale Abhängigkeit**

Genauso wie das Atmen ist auch die Liebe ein menschliches Bedürfnis. Jeder Mensch braucht Liebe. Wer sich diese nicht selbst geben kann, ist daher viel stärker als andere auf die Liebe und Zuneigung des Partners angewiesen. Somit entsteht jedoch eine emotionale Abhängigkeit, welche absolut keine gute Basis für eine Beziehung darstellt, die auf Augenhöhe und Gleichberechtigung konzentriert sein sollte.

**6) Selbstliebe macht attraktiver**

Wer mit sich selbst im Reinen ist, hat auch eine positive Ausstrahlung. Diese bewirkt, dass ein Mensch sympathischer und somit auch attraktiver für andere ist.

**7) Keine Beziehung auf Augenhöhe**

Wenn ein Mensch sehr stark an sich selbst zweifelt, kommt bei ihm verstärkt das Bedürfnis auf, diese Selbstzweifel durch die Liebe und Anerkennung des Partners auszugleichen. Um Zuwendung vom Partner zu bekommen, würde der Betroffene fast alles unternehmen. Das stellt allerdings keine Beziehung auf Augenhöhe dar.

**8) Besseres Sexleben**

Sich selbst zu lieben, bedeutet auch, dass man sich in seinem Körper wohlfühlt. Viele Menschen haben damit jedoch große Schwierigkeiten, was auch sehr stark am Idealbild liegt, welches durch verschiedene

Medien vermittelt wird. Jetzt sind wir wieder bei dem Thema: eine Maske auflegen und eine Rolle spielen. Ein Makel hier, ein Makel dort, alle Problemzonen müssen im Alltag kaschiert werden. Wenn es allerdings um intime Beziehung geht, wird sich dies als sehr schwer herausstellen, denn hier geht es nicht darum, etwas zu verstecken, sondern darum, nicht mit Reizen zu geizen. Das hat zur Folge, dass man sich bei sexuellen Aktivitäten unwohl fühlt und das, was eigentlich Spaß machen sollte, nicht mehr genießen kann. Studien belegen, dass es bei Paaren im Schlafzimmer deutlich besser läuft, wenn beide Partner mit sich im Reinen sind.

# Kapitel 6 Wie entsteht mangelnde Selbstliebe?

In den vergangenen Kapiteln habe ich bereits mehrfach angerissen, dass die Ursachen für mangelnde Selbstliebe in der Kindheit liegen. Das ist natürlich nicht die einzige Ursache und ich möchte nun die Chance nutzen, um Sie auf weitere Ursachen für mangelnde Selbstliebe aufmerksam zu machen.

## 1) DIE URSACHEN LIEGEN IN DER KINDHEIT

Jede Familie hat eine eigene Dynamik und alle Eltern haben ihre eigenen Erziehungsmethoden. Hin und wieder ähneln sich diese, aber es lässt sich nicht sagen, dass alle Eltern ihre Kinder gleich erziehen. Die Familiendynamik ist entscheidend, wenn es darum geht, wie sich das Selbstwertgefühl und somit auch die Selbstliebe bei Kindern entwickeln werden.

Es liegt in der Natur eines jeden Kindes, dass es versucht, seine Eltern glücklich zu machen. Dem zufolge ist deren Verhalten lieb und brav, wodurch sie sich die Liebe und Zuneigung von ihren Eltern erhoffen. Es kommt jedoch vor, dass es in manchen Familien genau daran mangelt. Die Kinder glauben dann sehr häufig, dass es an ihnen selbst liegt. Dadurch denken sie, etwas falsch gemacht zu haben und keine Liebe zu verdienen.

Dass es sich hierbei um einen falschen Glaubenssatz handelt und die Ursachen für die fehlende Unterstützung durch die Eltern nicht bei den Kindern, sondern bei den Eltern liegen, können sie noch nicht begreifen. Auch manche Eltern können sich selbst nicht lieben und waren dadurch nicht fähig dazu, ihre Kinder zu lieben und ihnen somit ein gutes Maß an Selbstwertgefühl mit auf den Weg zu geben.

Dadurch entsteht natürlich ein falsches Selbstbild. Das Kind glaubt dann, es sei nicht liebenswert. Dies ist eine Grundlage für den Mangel an Selbstliebe. Im Lauf des Lebens entwickeln sich daraus viele weitere negative Glaubenssätze. Durch den Mangel an Selbstliebe wird auch der Vertrauensaufbau zu anderen Menschen erschwert. Bei den Kindern können sich übergroße Ängste entwickeln, beispielsweise, dass der spätere Partner oder auch andere Personen einen verletzen könnten. Damit sie davor geschützt sind, wird gar kein Vertrauen aufgebaut. Daraus entwickeln sich jedoch die Isolation, eine Beziehungsunfähigkeit und die betroffene Person lebt ein sehr einsames Leben

## 2) FALSCHE VORSTELLUNGEN

Eine traurige Tatsache ist, dass viele Eltern ihren Kindern ein falsches Bild von Liebe vermitteln. Diese wird oftmals an Bedingungen geknüpft. Beispiel dafür: „Wenn du lieb bist, haben Mama und Papa dich sehr lieb." Eltern sollten ihre Kinder immer lieb haben, egal, welches Verhalten sie an den Tag legen. Schließlich ist nicht jeder Tag immer gleich. Durch die Bedingungen wird den Kindern vermittelt, dass sie nur liebenswert sind, wenn die Wünsche anderer erfüllt werden. Daraus entwickelt sich der negative Glaubenssatz „Ich bin liebenswert, wenn …"

Dieser zieht weitere schlimme Folgen nach sich. Das Kind lernt, dass es sich für andere verbiegen muss und seine Bedürfnisse zurückstecken sollte, um Liebe zu bekommen. Dafür zahlt man jedoch einen sehr hohen Preis. Tief im Inneren bleibt das Gefühl von Traurigkeit, denn man ist nicht mehr authentisch. Dadurch verachtet man sich innerlich selbst für das eigene Verhalten.

Dieser Teufelskreis entsteht durch den großen Irrtum, man sei nur lebenswert, wenn man etwas ist oder leistet. Die wahre Liebe ist jedoch nicht an Bedingungen geknüpft. Jeder Mensch ist liebenswert. Schon allein seine Existenz und seine Einzigartigkeit machen jeden Menschen liebenswert. Jeder Mensch hat Schwächen oder Fehler, aber das gehört nun einmal zum Leben dazu. Wer genau das versteht, hat bereits die Basis für Selbstakzeptanz und Selbstliebe geschaffen.

## 3) ERFÜLLUNG VON ERWARTUNGEN

Wer bereits in der Kindheit die Fähigkeit zur Selbstliebe verliert, macht auch später noch seinen Wert von der Beurteilung anderer abhängig. Wenn man keine Liebe für sich selbst übrig hat, muss diese von anderen Menschen kommen. Damit die Liebe empfangen werden kann, wird sich immer mehr an anderen orientiert. Die eigenen Bedürfnisse rücken dadurch immer mehr in den Hintergrund und die der anderen werden zum wichtigsten Lebensinhalt. Das hat zur Folge, dass verschiedene Dinge nur getan werden, um anderen Menschen zu gefallen, um andere glücklich zu machen, damit sie uns lieben, und weil diese es von uns erwarten, beziehungsweise, weil man selbst glaubt, dass andere genau das von einem erwarten. Daraus folgt, dass man besonders empfindlich wird, wenn andere uns kritisieren. Diese Kritik nagt sofort am eigenen Selbstwertgefühl, welches sowieso schon sehr gering vorhanden ist und hat zur Folge, dass man sich ungeliebt fühlt. Natürlich ist das nicht angenehm, wodurch dann wiederum versucht wird, der Kritik zu entkommen. Perfektionismus ist hier eine Strategie dafür. Es wird versucht, alles richtigzumachen und es allen recht zu machen. Durch diese Strategie glaubt man, anderen Menschen keine Angriffsfläche zu bieten, um Kritik auszuüben.

Fakt ist jedoch, dass Perfektionismus früher oder später immer dazu führen wird, frustriert zu sein oder in eine Negativspirale zu geraten, denn niemand kann es allen immer recht machen. Zudem zerrt dies auch unglaublich an den eigenen Kräften, wodurch früher oder später Fehler passieren werden. Hinzu kommt, dass auch durch das Recht-Machen nicht immer die Erwartungen erfüllt werden, von anderen die ersehnte

Liebe zu erhalten. Häufig kommt es vor, dass man gleich wieder vor einer neuen Aufgabe steht. Wird man den Erwartungen, alles perfekt zu machen, nicht gerecht, so wird augenblicklich der negative Glaubenssatz, dass man nicht liebenswert sei, genährt.

Wenn man aus dieser Negativspirale herauskommen möchte, sollte man schleunigst damit beginnen, die Erwartungen an sich selbst und an andere herunterzuschrauben. Durch die Differenz zwischen Erwartungen und der Realität entsteht nämlich Frust. Die Fallhöhe ist umso größer, je höher unsere Erwartungen sind. Ein Mensch wird umso glücklicher, je mehr es ihm gelingt, das Hier und Jetzt anzuerkennen, ohne zu hohe Erwartungen zu haben und ohne zu stark zu bewerten.

## 4) DIE FALSCHEN GLAUBENSSÄTZE

Bei wem sich die falschen Glaubenssätze tief im Gedächtnis verankert haben, der muss damit rechnen, dass er von der Bewertung anderer sowie dem Erreichen bestimmter Umstände abhängig ist. Überprüfen auch Sie daher noch einmal den Satz: „Mich liebt man nur, wenn ..." Ist das tatsächlich der Fall, dass Sie sich selbst nur lieben können, wenn bestimmte Bedingungen erfüllt werden, so ist es so, dass Ihre Liebe immer schwanken wird und Sie nie richtig glücklich werden können, denn die wahre Liebe ist niemals an Bedingungen geknüpft. Das müssen Sie für sich ganz allein begreifen, nur dann können Sie sich selbst bedingungslos lieben. Dazu gehört, dass Sie sich so akzeptieren, wie Sie sind. Das gilt auch dann, wenn man scheitert, verletzt wird und Fehler macht.

## 5) IMMER ANDERE GLÜCKLICH MACHEN WOLLEN

In Kindheitstagen wollte man die eigenen Eltern glücklich machen, um deren Liebe zu erhalten. Das überträgt sich später natürlich auch auf die

Freunde, den Partner, die Arbeitskollegen, den Chef und andere Menschen um einen herum. Es ist jedoch nicht die Aufgabe eines Menschen, andere glücklich zu machen oder für deren Zufriedenheit zu sorgen. Wenn man alles nicht für sich selbst, sondern immer nur für andere tut, damit man deren Liebe bekommt, so wird man am Ende mit Enttäuschung rechnen müssen. Diese Täuschung endet erst dann, wenn man begreift, dass dies so nicht funktionieren kann, es sei denn, alles geschieht bereits aus Selbstliebe.

Wenn Sie sich tatsächlich sehr viel Mühe geben, damit andere Menschen Sie lieben, dies aber nicht im ausreichenden Maße geschieht, werden Sie den anderen Menschen die Schuld für diese Enttäuschung geben. Möglicherweise kennen auch Sie folgenden Satz: „Ich habe so viel für dich getan und du bist dafür überhaupt nicht dankbar." Daran lässt sich erkennen, dass hinter diesem Satz eine große Erwartung verborgen liegt, welche nicht erfüllt wurde. Damit wird einem der schwarze Peter beziehungsweise die Schuld zugeschoben.

Möglicherweise haben Sie die andere Person aber nicht darum gebeten, diese hat alles lediglich getan, weil sie Lob und Anerkennung von Ihnen erwartet hat. Vielleicht ist es auch andersherum gelaufen. Sie haben etwas getan, wofür Sie Lob und Anerkennung oder Liebe erhalten wollten, und am Ende hat sich Ihre eigene Erwartung nicht erfüllt.

Wer stets andere Menschen darüber entscheiden lässt, welchen Wert er selbst hat, wird auch immer wieder anderen die Schuld in die Schuhe schieben, wenn man sich schlecht fühlt, immerhin liegt die Entscheidung, ob man etwas gut oder schlecht gemacht hat, ob man sich wertvoll und liebenswert fühlt oder als Versager betrachtet dann auch bei diesen Personen.

Das ist jedoch eine falsche Annahme, da man bisher glaubte, dass es einen befriedigen würde, wenn andere einen lieben, da man es nicht selbst kann. Allerdings funktioniert das nicht. Und wenn man das selbst nicht erkennt, wird man immer wieder genau diese frustrierenden Erfahrungen machen.

## 6) VERANTWORTUNG ÜBERNEHMEN – FEHLANZEIGE

Menschen, die noch nicht erkannt haben, dass sie selbst für die meisten Zustände in ihrem Leben verantwortlich sind, begeben sich gern in die sogenannte Opferrolle. Am eigenen Unglück sind daher immer wieder andere Schuld. Warum das so ist? Das Ganze ist natürlich bequem und man muss sich nicht mit den eigenen Fehlern oder Irrtümern beschäftigen. Hierfür zahlt man jedoch einen sehr hohen Preis: Wenn man stets anderen Menschen die Schuld gibt und die eigene Verantwortung ausblendet, schwächt man sich immer wieder selbst.

Dadurch, dass sich ein Mensch als Opfer betrachtet, wird auch dessen Selbstwertgefühl geschwächt. Man bemitleidet und bedauert sich selbst immer wieder, wodurch man noch schwächer und hilfloser dasteht. Sie können sich sicher denken, dass dies weder die Selbstliebe noch die Selbstakzeptanz fördert.

Wer Verantwortung übernehmen kann, zeigt Stärke. Mit dieser Stärke hat man die Macht über das eigene Leben. Beispiel: „Ich habe den Fehler begangen, also muss ich auch die Quittung dafür bekommen. Das nächste Mal werde ich es besser machen!“ Auf diese Art und Weise setzt man sich mit den eigenen Fehlern auseinander und lernt daraus für die Zukunft.

**Merken Sie sich:** Menschen, die ihre eigenen Fehler erkennen und die Folgen ihres Handelns in sich selbst sehen, gehen auch erfolgreicher durchs Leben.

## 7) VERGLEICHE MIT ANDEREN

Alle Menschen sind eigenständige Individuen. Jeder hat seinen einzigartigen Lebensweg und ebenso eine einzigartige Kombination aus Schwächen und Stärken. Wir alle wissen, dass es auf unserer Welt keine zwei Menschen gibt, deren Wesen absolut identisch sind. Trotzdem ist es so, dass man sich immer wieder mit anderen Menschen vergleicht. Jeder wird bewertet und bewertet auch gleichzeitig andere. Hierbei wird allerdings ein Apfel mit einer Birne verglichen. Das Ergebnis dabei ist meist ein schlechtes Gefühl, weil andere besser, schöner, erfolgreicher, schneller, geschickter oder reicher sind.

Die Vergleiche mit anderen hinken extrem und sorgen dafür, dass man sich unglücklich fühlt und das Selbstwertgefühl geschwächt wird. Egal, welche Eigenschaft man betrachtet, so weiß man doch nie, welche Voraussetzungen der andere hatte, mit der man sich letztendlich selbst vergleicht oder verglichen wird.

Jeder Mensch hat Stärken und Schwächen. Es ist leider so, dass man sich immer mit den Stärken und weniger mit den Schwächen der anderen vergleicht. Hinterher fühlt man sich schlecht, weil man etwas nicht genauso gut kann wie der andere. Hier sollten Sie sich hinterfragen: Der andere hat sein Talent in die Wiege gelegt bekommen. Sie hingegen haben sich Ihre Fähigkeiten auf einem langen Weg und mit sehr mühsamer Arbeit selbst erarbeitet. Was davon ist nun wertvoller oder besser?

# Kapitel 7 Warum fällt die Selbstliebe so schwer?

Tatsächlich gelingt es nur sehr wenigen Menschen, mit sich selbst im Reinen zu sein. Die Schuld daran tragen unsere Vorstellungen, die wir Menschen von einem idealen Leben haben. Wie bereits erwähnt, kennen vermutlich viele Menschen den Satz, dass man andere erst dann lieben kann, wenn man sich selbst liebt. Dieser wird möglicherweise von 99 von 100 Personen genauso unterschrieben. Tatsache ist jedoch, dass manche Dinge in der Theorie wunderschön klingen, in der Praxis aber sehr schwerfallen. So ist es auch mit dem Satz zur Selbstliebe.

Der Großteil der Menschen ist sich größtenteils selbst der schärfste Kritiker. Es fallen sofort alle möglichen Fehler und Schwächen auf, also all die Dinge, welche man selbst nicht gut genug hinbekommt. Es ist daher selten der Fall, dass man einen Menschen sagen hört, er sei mit sich selbst vollkommen zufrieden.

Befassen wir uns noch einmal mit der Frage, warum es so ist, dass die Selbstliebe schwerfällt. Tatsächlich haben die eigenen Vorstellungen einen sehr großen Anteil daran. Jeder Mensch hat Vorstellungen von allem und wie etwas sein sollte. Wird aber das reale Leben an genau diesen Vorstellungen gemessen, beginnen die Probleme, und beim Anpassen des realen Lebens an unsere Vorstellungen wird bemerkt, dass irgendetwas unstimmig ist.

Nehmen wir als Beispiel einmal eine Frau, welche seit ihrer Kindheit das Bild von einer perfekten Familie im Kopf hat. Im realen Leben hat sie mittlerweile auch eine Familie und versucht unbewusst, ihre Ideale zu erreichen. Nicht selten folgen dabei Enttäuschung und Frust. Ganz tragisch ist hierbei, dass die junge Mutter und Ehefrau nicht sieht, wie ihre Familie tatsächlich ist. In vielen Beziehungen ist dieser Fall ähnlich: Wenn sich der Partner nicht zu dem Bild entwickelt, welches man für das Idealbild des Mannes hält, entfernt man sich von diesem.

Wenn Sie sich an dieser Stelle fragen, was all das mit Selbstliebe zu tun hat, so kann ich Ihnen sagen, dass es sehr wichtig ist, solche Trugbilder zu entlarven. Wer dies tatsächlich schaffen möchte, muss innehalten, sich selbst Fragen stellen und diese ehrlich beantworten. Gehen wir noch einmal zum Beispiel der jungen Frau zurück. Sie müsste sich die Frage stellen, was sie tatsächlich mit ihrer Familie verbindet. Geht es um Beziehungsfrust, könnte die Frage wie folgt lauten: „Ist diese eine bestimmte Eigenschaft wirklich so wichtig für mich oder glaube ich vielleicht nur, dass andere mich danach beurteilen?"

Demzufolge sollten nicht das Äußere oder die eigenen Vorstellungen eines idealen Lebens die Richtschnur sein, an denen wir uns orientieren. Es ist viel wichtiger, in sich selbst hineinzuhören und dabei ganz ehrlich mit sich selbst zu sein. Wem dies gelingt, der kann seine eigenen Bilder, die selbst attestierte Minderwertigkeit sowie seine Bindungsängste erkennen. Wer dazu fähig ist, der ist der freien Entscheidung mächtig, wie er mit ebendieser Situation umgehen möchte und kann. Hier stehen einem dann viele verschiedene Möglichkeiten zur Verfügung, unter anderem auch die, sich selbst zu lieben.

Viele Menschen plagen sich demzufolge mit sehr vielen Selbstzweifeln herum und sind nicht in allen Punkten mit sich zufrieden. Der erste Schritt, um genau da herauszukommen, ist, sich selbst besser verstehen zu können, um zu sehen, wie man sich selbst im Weg steht.

In den vorangegangenen Kapiteln habe ich immer wieder erwähnt, dass Menschen, denen es an Selbstliebe mangelt, sich die Anerkennung und Bestätigung durch andere Menschen suchen. Hierzu zählt auch, von anderen Lob für die eigene Arbeit oder eventuelle Erfolge zu erhalten. Wenn Lob richtig eingesetzt wird, so kann man dieses auch als Dünger für die Psyche eines Menschen betrachten. Es lässt besonders bei Kindern den Selbstwert erblühen und ebnet deren Weg für ein glückliches Leben. Menschen, die sich selbst wertschätzen können, haben es auch im Leben leichter, erkranken seltener an Depressionen und können auch mit der eigenen Arbeit sowie der Beziehung zufriedener sein.

Viele Studien besagen, dass es tatsächlich das positive Selbstbild ist, welches diese Effekte hervorruft. Natürlich kann die Arbeitslosigkeit den eigenen Selbstwert beeinträchtigen, gleichzeitig lässt sich aber auch festhalten, dass Menschen, die sich selbst mögen, viel leichter einen neuen Job finden. Demzufolge ist es kein Wunder, dass Eltern den Selbstwert und die Selbstliebe ihrer Kinder stärken möchten. Im US-Bundesstaat Kalifornien wurde 1986 eine Taskforce ins Leben gerufen. Diese sollte sich der Förderung eines positiven Selbstbilds widmen. Schon damals wurde erkannt, dass viele Menschen sich sehr schwer damit tun, sich selbst so zu mögen oder zu lieben, wie sie sind.

Der US-amerikanische Psychologe und Philosoph William James schrieb dazu Folgendes: „Es gibt eine gewisse durchschnittliche Tönung des Selbstgefühls, die jeder von uns mit sich herumträgt.“ Damit lag er sogar richtig, denn es ist zumindest zu einem Teil in unserem Wesen verankert, wie wir zu uns selbst stehen. Die Psychologin Jenny Wagner von der Universität Hamburg erklärt, dass unser Selbstwert einen unveränderlichen Kern hat. Dieser sei zur Hälfte sogar über längere Zeiträume sehr stabil.

Das Maß an Eigenliebe ist auf der einen Seite eine Frage unserer Gene. Wie sehr sich ein Mensch wertschätzt, sei aber auch durch frühkindliche Einflüsse langfristig beeinflussbar. Hierzu zählt natürlich auch die häusliche Umgebung. Dabei sind folgende Faktoren zu beachten: Behandeln die Eltern das Kind mit Wärme und Zuneigung und fördern damit die Entwicklung des Kindes? Hat das Kind eigene Bücher?

Werden mit dem Kind Zahlen und Buchstaben geübt? Ist das Haus oder die Wohnung sauber? Ist das Kinderzimmer sicher?

Es lässt sich an dieser Stelle festhalten, dass die Wertschätzung des Kindes später einmal umso größer wird und es eine positive Einstellung zu sich selbst entwickelt, je mehr dieser Punkte zutreffen.

Tatsache ist, dass der Einfluss bezüglich der frühkindlichen häuslichen Umgebung zwar zurückgeht, je älter das Kind wird, doch durch Studien ließ sich nachweisen, dass dieser auch noch bei 27-Jährigen eine Rolle spielt. Mit anderen Worten gesagt: Wird man bereits als Dreijähriger permanent von seinen Eltern abgewiesen, so kann das auch noch im Erwachsenenalter am Selbstwert und der Selbstliebe nagen.

In diesem Zusammenhang müssen wir uns auch die elterliche Anerkennung anschauen. Studien haben ergeben, das Lob auch ein zweischneidiges Schwert ist. Unter bestimmten Umständen kann dieses sogar Schaden anrichten. Das gilt besonders dann, wenn ein Kind für seine Eigenschaften gelobt wird. Beispiel: „In Deutsch bist du wirklich wunderbar." Hier wird die Person und nicht die Leistung gelobt, welche vollbracht wurde.

Das Lob sollte eher wie folgt lauten: „Bei dieser Arbeit hast du dich aber ganz besonders angestrengt." Wenn die Person selbst gelobt wird, hat dies zur Folge, ganz besonders bei Kindern, dass der Umgang mit Niederlagen sehr schwerfällt. Es wird sich dann für eine schlechte Leistung geschämt, ganz besonders dann, wenn das Selbstbild sowieso schon negativ geprägt ist.

Unter anderem signalisiert Lob auch, dass andere Menschen die Macht haben, uns zu bewerten. Wenn man ein Kind nach einem Erfolg dafür lobt, wie es ist, wird es auch den Misserfolg auf die eigene Person beziehen und nicht darauf, dass es sich nicht genug angestrengt hat. Das Kind entwickelt dann den Glaubenssatz: „Ich bin dumm und kann nichts“, dabei sollte es sich viel eher eingestehen, dass es dieses Mal nicht genug geübt hat. Man sollte es generell skeptisch betrachten, Lob als eine Art Medizin einzusetzen, um das negative Selbstbild aufzulösen. Hierzu sagte Alfie Kohn einmal Folgendes „Das bedeutendste Merkmal eines positiven Urteils ist nicht, dass es positiv ist, sondern dass es ein Urteil ist.“ Wenn also Lob zum Einsatz kommt, haben andere immer die Macht, einen zu bewerten, und das sogar abhängig davon, wie man sich selbst verhält. Dadurch können Kinder unter Druck gesetzt werden, den gesetzten Erwartungen auch wirklich gerecht zu werden. Die Eltern sollten ihren Kindern eher das Gefühl vermitteln, dass sie ohne Vorbehalte akzeptiert werden. Das heißt, dass man dem Kind das Gefühl gibt, dass es, so wie es ist, gut ist, was auch kommen mag. Wenn ein Kind weiß, dass es von anderen gemocht wird, kann es auch einen sicheren und stabilen Selbstwert und eine gesunde Selbstliebe entwickeln.

Demzufolge stellen die frühkindlichen Einflüsse sowie die Gene die Weichen bezüglich des Grundtons des menschlichen Selbstwerts und der Selbstliebe. Davon ausgehend hat die Art und Weise, in welcher man sich selbst sieht, einen oft typischen Verlauf.

An der Universität Bern hat man 2018 fast 200 Studien mit insgesamt 160000 Teilnehmern, die zwischen 4 und 94 Jahren alt waren, analysiert. Durch diese Ergebnisse lässt sich festhalten, dass sich die Probanden, je älter sie wurden, umso mehr schätzen. In den ersten drei Lebensjahrzehnten ist die Steigerung des Selbstwerts und der Selbstliebe ausgeprägter. Im Alter nimmt diese jedoch nur sehr langsam zu. Mit ca. 60 Jahren ist dann ein gewisses Plateau erreicht. Ab 70 Jahren fällt dieses dann langsam wieder ab. Bei Menschen, welche über 90 Jahre alt sind, sinkt dieses Niveau rapide.

Tatsache ist aber auch, dass sich unsere eigene Wertschätzung keineswegs so regelhaft entwickelt, wie oben beschrieben. Diese kann nämlich durch individuelle Erfahrungen gefördert oder beschädigt werden. Das kann auch nachhaltig geschehen. Es lässt sich demnach festhalten, dass der Selbstwert und die Selbstliebe auch von Beziehungen abhängig sind. Beides ist umso höher, je mehr man irgendwo dazugehört und das Gefühl hat, dass die anderen einen mögen. Erfährt man soziale Ausgrenzung, nagt das auch am Selbstwert und an der Selbstliebe.

# Kapitel 8 Die sieben Säulen der Selbstliebe

Die Selbstliebe ist etwas, was tief aus dem Inneren herauskommt. Nur Sie selbst können Ihre eigene Selbstliebe stärken. Es reicht nicht, das Wissen, welches ich Ihnen in den bisherigen Kapiteln zur Verfügung gestellt habe, zu verinnerlichen. Wichtig ist ebenfalls, dass man weiß, dass die Selbstliebe auf sieben Säulen basiert.

**Dies sind die 7 Säulen:**

**1.** Selbstbild verändern

**2.** Sie sind wichtig

**3.** Mit sich selbst und dem eigenen Leben Frieden schließen

**4.** Die Macht der inneren Stimme

**5.** Sich selbst liebevoll behandeln

**6.** Geschenke des Lebens annehmen

**7.** Eigener Fan werden

Was sich genau hinter den einzelnen Säulen verbirgt, bringt Ihnen das folgende Kapitel näher.

## 1. SELBSTBILD VERÄNDERN

Jeder Mensch verdient all die Liebe des Universums. Wahrscheinlich werden Sie mir genau das aber nicht glauben. Ich kann Ihnen jedoch sagen, dass es nur im Moment so ist, denn je mehr Sie sich mit dem

Thema beschäftigen, desto mehr Wissen können Sie sich dazu aneignen und desto mehr Verständnis werden Sie erlangen.

Möglicherweise möchten Sie es gern sofort glauben, was Sie aber nicht können, da Ihnen sofort unzählige Gründe einfallen, welche das Gegenteil behaupten. Ihnen geht nun gewiss durch den Kopf, was Sie alles nicht können, in Ihrem bisherigen Leben noch nicht erreicht haben, dass Sie nicht attraktiv genug sind. Wahrscheinlich nehmen Sie auch an, dass Sie in einem Lebensbereich total gescheitert sind, weil Sie große Fehler gemacht haben. Eventuell glauben Sie auch, dass Sie anderen Menschen geschadet haben und dass Sie sich schuldig machten.

An dieser Stelle glauben Sie wahrscheinlich, dass, wenn Sie wirklich so toll wären, Sie diese Fehler in Ihrem Leben niemals gemacht hätten und Ihr Leben sowieso viel leichter wäre. Dann hätten Sie all die schönen Dinge, welche anderen Menschen einfach so zufliegen. Außerdem würden andere Menschen Ihnen viel mehr Bestätigung und Liebe schenken.

Ich möchte nicht behaupten, dass all diese Gründe gar nicht real sind. Ihr Leben und auch Sie selbst kenne ich nicht und kann mir daher kein Urteil erlauben. Wenn Sie all diese Dinge bisher erlebt haben, ist das Recht wahrscheinlich auf Ihrer Seite. Mangelt es Ihnen jedoch an Selbstliebe, kann das daran liegen, dass Sie die falschen Schlüsse aus Ihren Beobachtungen gezogen haben. Möglicherweise haben Sie bisher angenommen, dass es Ihre fehlende Liebenswürdigkeit ist oder der zu geringe Selbstwert, welche die Ursachen für die Entwicklung Ihres bisherigen Lebens sind. Es ist aber tatsächlich genau umgekehrt der Fall. Wir Menschen machen solche Erfahrungen häufig, weil es uns an der Selbstliebe mangelt.

Es ist natürlich möglich, dass wir früher einmal diese Erfahrung gemacht haben, weil wir lieblos behandelt wurden. Daraus haben wir dann unbewusst unseren Schluss gezogen, dass wir selbst der Grund dafür sind und gar keine bessere Behandlung verdient haben. Übrigens ist es so, dass Menschen, welche andere ziemlich lieblos behandeln, selbst einen Mangel an Selbstliebe aufweisen.

Durch die falschen Schlüsse haben wir damit begonnen, mit genau dieser Annahme durchs Leben zu gehen, dass wir nicht liebenswert sind und genau deshalb auch nichts Besseres verdienen.

Wenn wir an das Gesetz der Anziehung denken, welches uns sagt, dass wir immer das erhalten werden, was wir erwarten, und sich all das verstärken wird, worauf wir unseren Fokus richten, hat sich genau das auch in unserem Leben bestätigt. Das betrachten wir dann als weitere Beweise für unsere fehlende Liebenswürdigkeit und auch für unser negatives Selbstbild, welches sich dann im Lauf der Jahre noch mehr festigen wird.

Gerät man erst einmal in einen solchen negativen Kreislauf, erhält man oft das Gefühl, man müsse etwas ganz Besonderes leisten und anderen etwas beweisen, damit man Liebe, Aufmerksamkeit und Bestätigung bekommt. Wir glauben dann fest daran, dass wir keine Liebe verdienen, nur, weil wir existieren. In unserem Leben ist aber etwas ganz anderes passiert, denn mit unseren negativen Erwartungen haben wir Signale in die Außenwelt gesendet. Hier einige Beispiele:

❖ „Komm mir nicht zu nah, du wirst mich sowieso enttäuschen."

❖ „Du brauchst mir das gar nicht zuzutrauen, weil ich es sowieso nicht kann."

❖ „Es lohnt sich nicht, mit mir befreundet zu sein, weil mit mir etwas nicht stimmt."

Auf all die Dinge reagiert unser Umfeld. Somit handelt es sich eigentlich nur um ein Missverständnis. Dieser negative Kreislauf lässt sich jedoch ganz einfach umdrehen.

Der erste Schritt ist, dass man erkennt, dass die Schuld gar nicht bei einem selbst liegt, wenn man lieblos behandelt wurde, denn wir sind tatsächlich vollkommen unschuldig. Jeder Mensch ist ein neutrales Wesen und damit sind auch alle gleichwertig. Jeder Mensch verdient das Gleiche. Natürlich macht jeder Fehler und trifft auch hin und wieder die falschen Entscheidungen oder verhält sich destruktiv. Dennoch sind wir unschuldig, immerhin haben wir das Beste getan, was wir tun konnten, und außerdem leben wir in einer Welt der Dualität, wo sich jeder Mensch konstruktiv und struktiv verhalten kann.

Das Verhalten unterscheidet uns also nicht von anderen Menschen und macht uns auch nicht minderwertig. Demzufolge ergibt es auch keinen Sinn, sich mit anderen Menschen zu vergleichen. Niemand kann wissen, wie es hinter der Fassade des anderen aussieht. Hinzukommt, dass jeder Mensch nur so weit zu sich selbst ehrlich ist, wie er es auch erträgt.

Von nun an können Sie Ihre Geschichte neu interpretieren. Gehen Sie davon aus, dass Sie genauso gleichwertig wie alle anderen Menschen sind und auch schon immer waren. Diese Tatsache kann nicht geändert werden, egal, was Sie auch tun. Außerdem gibt es auf der ganzen Welt keinen Menschen, der etwas Besseres als andere verdient. Es lässt sich auch sagen, dass all das Schöne, was Sie bei anderen Menschen beobachten können, auch Sie verdient haben.

Sie können von nun an die Schuld, welche Sie sich bereits in jungen Jahren eingeredet haben, als Illusion oder Missverständnis betrachten. Kein Mensch ist und wird jemals schuld an einer lieblosen Behandlung sein. Das eigene Umfeld gibt immer nur das, was es kann. Mit einem selbst hat das rein gar nichts zu tun. So können Sie auch erkennen, wo Sie in Ihrem Leben bereits Erfolge verhindert oder die Liebe von anderen abgewiesen haben, weil Sie in Ihrem Unterbewusstsein das Gefühl hatten, genau das nicht zu verdienen.

Das Ganze sollte Sie jedoch nicht traurig stimmen. Auch wenn die Schuld nicht bei Ihnen liegt, so haben nur Sie die Zügel in der Hand, um tatsächlich etwas zu verändern. Mit der Zeit werden Sie auch erkennen, dass Ihre Selbstliebe und der liebevolle Umgang von anderen sogar sehr eng miteinander verbunden sind. Wir können festhalten, dass sich beides gegenseitig bedingt. Wenn Sie das erkannt haben, können Sie sogar noch einen Schritt weiter gehen. Nicht nur, dass Sie total unschuldig sind und nichts falsch gemacht haben, Sie sind auch noch extrem wertvoll. Tatsache ist leider, dass wir stark von unserem Verstand gesteuert werden und somit rationale Beweise brauchen, und genau das zu glauben. Im folgenden Text werden wir daher ebendiese Beweise für Sie aufspüren.

Hierzu möchte ich Ihnen eine Frage stellen, welche vielleicht etwas seltsam klingen mag. Im Grunde genommen stelle ich diese Frage nur, damit Sie sich selbst damit intensiv befassen. Worin sehen Sie Ihren Wert für unsere Welt?

Tatsächlich können nur sehr wenige diese Frage beantworten. Einige Menschen wissen, was Sie so besonders und einzigartig macht. Ein Großteil weiß aber auch das nicht. Daraus resultiert die Frage, was uns denn so wertvoll für diese Welt macht. Weshalb sollte die Welt von uns profitieren? Tatsache ist, dass der Schlüssel für ein gesundes Selbstwertgefühl genau in der Antwort auf diese Frage liegt. Es ist nicht nur wichtig, dass jeder Mensch seinen eigenen Wert kennt, sondern auch, wie man diesen der Welt beziehungsweise seiner eigenen Umgebung zur Verfügung stellen kann, um damit auch andere bereichern zu können. Jeder Mensch muss daher unbedingt erkennen, dass er auch sehr wichtig ist.

Aus diesem Grund sollten Sie einmal etwas Ungewöhnliches tun. Nehmen Sie sich etwas Zeit und ziehen Sie sich mit einem Notizbuch zurück. Wenn Sie ein ruhiges Plätzchen gefunden haben, sollten Sie sich einmal Gedanken darüber machen, was Sie wertvoll machen könnte. Zudem sollten Sie fünf Menschen notieren, welche für Sie selbst wichtig sind, und drei Menschen, welche Sie brauchen und die Ihnen vertrauen.

Notieren Sie fünf Dinge, für die andere Menschen Sie schätzen, fünf Dinge, wofür Sie Komplimente bekommen, beziehungsweise früher bereits bekommen haben, fünf Dinge, welche Sie als Kind liebenswert machten. Notieren Sie außerdem fünf Situationen, in denen Sie anderen Menschen tatsächlich geholfen haben, und ebenfalls fünf Situationen, in welchen Sie andere Menschen besonders glücklich machten.

An dieser Stelle brauchen Sie sich keine Sorgen zu machen: Ihr Selbstwertgefühl wird nicht dauerhaft von den Reaktionen der Umwelt abhängig sein. Diese Übung dient nur als erster Schritt, damit Sie Ihre eigene Sicht verändern und negative Glaubenssätze durch positive ersetzen.

Im zweiten Schritt wird es dann darum gehen, sich Gedanken darüber zu machen, inwieweit Sie Ihren eigenen Wert der Welt zur Verfügung stellen. Hinterfragen Sie dabei, welche der bereits notierten Dinge Sie in letzter Zeit getan beziehungsweise gegeben haben. Wenn es der Fall ist, dass viele dieser Antworten bereits längere Zeit zurückliegen, müssen Sie sich trotzdem keine Sorgen, denn, und das ist das Schöne, Sie können sich jederzeit neu entscheiden. Wahrscheinlich hatten Sie gute Gründe dafür, all die Dinge, welche Sie hätten geben können, für sich zu behalten.

Die Frage lautet nun, ob Sie das auch weiterhin tun wollen oder ob Sie all das vielleicht wieder zur Verfügung stellen wollen. Schreiben Sie nun zehn Dinge auf, mit welchen Sie Ihre Umgebung oder die Welt in den nächsten zwei Wochen bereichern möchten. In diesem Moment werden Sie das vielleicht für einen Witz halten, doch sobald Sie diese Übung anwenden, werden Sie merken, wie rapide Ihre Zufriedenheit ansteigen wird. Zudem wird auch Ihr Bewusstsein dafür wachsen, dass Sie sehen, wie wichtig es ist, dass es Sie gibt.

Wenn wir unseren eigenen Wert kennen und wissen, was uns liebenswert, besonders sowie sympathisch und interessant macht, dies auch mit anderen Menschen teilen, werden wir wie ein Magnet wirken. Anderen fällt es dann leichter, unsere positiven Aspekte zu erkennen. Zudem erkennen sie dann auch viel schneller, das und vor allem wie wir deren Leben berechnen.

Gehen die anderen dann positiv auf uns zu, ist das auch wieder eine Bereicherung für uns selbst. Somit werden wir immer mehr ermutigt, noch viel mehr zu zeigen, wie wertvoll wir sind. Andere Menschen, welche unseren Wert auch tatsächlich wertschätzen, werden immer mehr und auch von selbst auf uns zugehen. Dann bekommen wir noch viel mehr positive Beweise für unser neues und vor allem positives Selbstbild.

Gerade am Anfang, wenn unser Selbstwertgefühl noch etwas unsicher ist, kann es hilfreich und sinnvoll sein, sich diese kleinen Bestätigungen abzuholen. Hat man aber irgendwann genug Beweise dafür gesammelt, dass man selbst tatsächlich wertvoll ist und gebraucht wird, so sind die Reaktionen von außen nicht mehr notwendig. Die inneren Glaubenssätze bilden sich nämlich dann, wenn wir genügend Beweise gesammelt haben.

Es lässt sich an dieser Stelle festhalten, dass unser Selbstbild eine Sammlung aus Glaubenssätzen ist, welche jeder Mensch über sich selbst hat. Damit wir die vorhandenen auch tatsächlich verändern können, müssen wir so lange wie notwendig neue Beweise sammeln, damit sich auch eine neue innere Überzeugung bilden kann. Dadurch werden dann die negativen Glaubenssätze durch positive ersetzt.

Für die Zeit der Überzeugung brauchen wir also Beweise in Form konkreter Erfahrungen oder Beobachtungen. Glaubenssätze lassen sich nämlich nicht allein durch positives Denken verändern. Wenn aber ein positiver Glaubenssatz gebildet und verinnerlicht wurde, bleibt dieser auch über viele Jahrzehnte lang stabil bestehen, es sei denn, man sammelt aktiv massive Gegenbeweise, um diesen dann erneut zu verändern.

An dieser Stelle möchte ich Ihnen sagen, dass Sie sehr stolz auf sich sein können, wenn Sie bereits damit begonnen haben zu erkennen, was auch Sie für ein wunderbarer und wertvoller Mensch sind. Denken Sie keineswegs, dass das etwas mit Arroganz zu tun hat. Immerhin heißt es nicht, dass andere dadurch nicht toll sind. Treten Sie genauso stolz auch anderen Menschen entgegen. Falls das nicht sofort funktioniert, brauchen Sie keineswegs besorgt zu sein. In diesem Fall wiederholen Sie die Übungen einfach so lange, bis Sie wirklich bemerken, dass es Ihr Selbstbild und somit auch die Selbstliebe verändert.

## 2. SIE SIND WICHTIG

Wir alle haben in unseren Alltag zahlreiche Verpflichtungen und Erwartungen, die erfüllt werden wollen. Dabei handelt es sich um die eigenen Erwartungen sowie die, welche die Umwelt an uns hat. Bei all diesen Aufgaben stellt man die eigenen Bedürfnisse jedoch oftmals hinten an, nimmt diese manchmal sogar gar nicht mehr wahr und vergisst sich zeitweise sogar selbst.

Ich kann Ihnen aus Erfahrung sagen, dass Sie dabei nicht die einzige Person sind. Warum das so ist, hat etwas mit den Prioritäten, welche man sich selbst setzt, zu tun. Jeder Mensch findet seine eigene Gesundheit, das eigene Glück und Wohlbefinden sehr wichtig, aber oftmals nur theoretisch. Einige Menschen lesen Bücher, um all das zu verbessern, doch oftmals wird nicht erkannt, dass dafür ein hoher Preis gezahlt werden muss. Ebenfalls wird nicht erkannt, dass, wenn man sich radikal für sich selbst entscheidet, auch automatisch die anderen Dinge hinten angestellt werden müssen.

Im Alltag ist kaum einer dazu bereit, diesen Preis zu bezahlen. Aus diesem Grund wird sich dann oftmals für etwas anderes und gegen die eigenen Bedürfnisse entschieden. Das passiert jedem Menschen ständig.

**Einige Beispiele:**

---

❖ Eine Autorin schreibt gerade eine neue Geschichte. Eigentlich ist sie aber erschöpft und möchte lieber ins Bett gehen, um sich auszuschlafen. Trotzdem bleibt sie an ihrem Schreibgerät sitzen, denn sie möchte unbedingt das aktuelle Kapitel noch beenden, damit ihre Leser nicht mehr so lange warten müssen.

❖ Eigentlich hat der junge Vater, der gerade ein neues Fußballtor für seinen Sohn aufbaut, Durst und möchte etwas trinken. Doch das tut er nicht, denn er möchte erst den Aufbau des Fußballtores beenden, damit sein Sohn schnellstmöglich spielen kann.

❖ Eine Erzieherin ist krank, geht aber nicht zum Arzt, da in der Kita Personalmangel herrscht und sie den Chef nicht enttäuschen möchte.

---

Tagein und tagaus werden sehr viele dieser Entscheidungen getroffen, welche sich gegen einen selbst richten. In diesen Momenten erscheinen andere Dinge als wichtiger, wodurch die eigenen Bedürfnisse und somit auch das Wohlbefinden hintenan gestellt werden. Tatsächlich steht dahinter oftmals eine Angst, die unbegründet und unbewusst ist. Besonders beim Beispiel der Erzieherin könnte die Angst bestehen, dass das Kranksein schlimmere Konsequenzen mit sich bringen könnte, wenn sie sich um sich selbst und nicht um die Arbeit kümmert.

Wir können dies nur ändern, wenn wir unsere Prioritäten neu definieren. Wir sollten diese nur für uns selbst und mit vollem Bewusstsein sowie der Bereitschaft, auch den Preis dafür zu bezahlen, treffen. Der Preis kann sein, dass man andere Menschen enttäuscht, kein hundert Prozent perfektes Arbeitsergebnis abliefert und noch vieles mehr. Tatsache ist, dass wir uns erst dann mit allen Konsequenzen für uns entscheiden können, wenn wir den Preis kennen und auch tatsächlich bereit sind, diesen zu bezahlen. Erst dann finden wir unser Wohlergehen und unser Glück auch in der Praxis wichtig, ziehen unsere Konsequenzen daraus und handeln auch danach. Der Lohn, welchen wir dafür erhalten, wird gigantisch sein.

Menschen, die ihr eigenes Wohlergehen als das Wichtigste betrachten, achten auch von selbst darauf, dass sie sich keinem Stress in ungesundem Maßen aussetzen. Diese Personen spüren ihre eigenen Grenzen und respektieren diese auch. Jeder Mensch ist für sein Wohlbefinden selbst verantwortlich. Das gilt auch für den Schutz der eigenen Gefühle und der Gesundheit. Sie sind deshalb für sich selbst so wichtig, weil nur Sie es sind, welche/r die Verantwortung für sich selbst übernehmen und tragen kann. Machen Sie sich bewusst, dass es kein anderer Mensch für Sie übernehmen kann. Niemand kann Ihre Bedürfnisse so gut sehen und verstehen, wie Sie selbst, auch wenn wir das immer wieder von anderen Menschen erhoffen. Hinzukommt, dass man sich erst um andere gut kümmern kann, wenn es einem selbst auch wirklich gutgeht.

Es ist von sehr großer Bedeutung, dass Sie sich immer wieder und aktiv daran erinnern, dass Sie für sich selbst der wichtigste Mensch auf der ganzen Welt sind. Erinnern Sie sich daran, dass es Ihre Pflicht ist, sich um sich zu kümmern und gut für sich zu sorgen. Sie müssen selbst auf sich achten und sich selbst vor allem auch mit Respekt begegnen. Sie verdienen es, dass es Ihnen gutgeht, dass Sie sich wohlfühlen und Sie sich selbst mit Nachsicht sowie Mitgefühl begegnen.

Wenn Sie das aktiv umsetzen, werden Sie feststellen, dass Sie all die Dinge, welche Sie sich selbst geben, auch von anderen bekommen werden. Menschen, die dazu in der Lage sind, zu erkennen, dass sie es verdienen, sich auch um sich selbst zu kümmern, strahlen das auch nach außen. Somit werden es auch andere Menschen in deren Umfeld bemerken. Auch Sie werden dann davon überzeugt sein, dass sie es verdienen und sich auch dementsprechend behandeln.

Warten Sie nicht lange und fangen Sie jetzt gleich damit an. Setzen Sie Ihre Prioritäten neu. Von nun an sollten Sie sich selbst wichtig nehmen. Tun Sie das aber nicht nur in Ihren Gedanken, sondern leben Sie aktiv danach. Wenn Sie den Preis dafür sehr gern bezahlen, werden Sie am Ende auch die guten Früchte (Erfolge) ernten.

Wenn wir davon sprechen, die eigenen Bedürfnisse zu erfüllen, hat das keineswegs etwas mit Egoismus zu tun. Wir wollen nicht unsere eigenen Wünsche und unseren Willen durchsetzen. Zudem geschieht auch nichts auf Kosten anderer. Es geht tatsächlich darum, dem eigenen Körper und Geist das zu geben, was diese brauchen. Die Erkennung der eigenen Bedürfnisse kann somit als Warnung des eigenen inneren, natürlichen Selbsterhaltungssystems verstanden werden. Dieses möchte uns nämlich darauf hinweisen, dass uns etwas fehlt oder dass wir uns zu viel zumuten. Man sollte daher immer bedenken, dass man früher oder später auch dafür einen hohen Preis zahlen muss, wenn man die eigenen Bedürfnisse nicht ernst genug und wichtig nimmt.

Wenn man sich die eigenen, elementaren Bedürfnisse erfüllt, bedeutet das auch nicht, dass man sich Luxus gönnt, welchen man sich eigentlich nicht leisten kann, oder sich diesen nur erlaubt, wenn es gerade passt. Die Erfüllung der elementaren Bedürfnisse ist eine wichtige Voraussetzung für unser gesundes Fortbestehen. Genau aus diesem Grund sollte jeder Mensch seine eigenen Bedürfnisse auch ernst nehmen, wenn er nicht früher oder später einen noch viel höheren Preis dafür zahlen möchte.

**Fazit**: Jeder sollte sich mit Respekt begegnen und die eigenen Bedürfnisse stets wahrnehmen. Diese sind wichtig, um Gesundheit und Wohlbefinden gewährleisten zu können.

## 3. MIT SICH SELBST UND DEM EIGENEN LEBEN FRIEDEN SCHLIEẞEN

Unser Selbstwertgefühl ist davon abhängig, wie zufrieden wir mit unserem Leben und vor allem auch mit uns selbst sind. Wie ist es bei Ihnen? Denken Sie, dass Sie die richtigen Entscheidungen getroffen haben und etwas Gutes erreichen konnten? Haben Sie in Ihre Fähigkeiten und in Ihre Kräfte so viel Vertrauen, dass Sie gute Entscheidungen treffen können? Können Sie mit bereits getroffenen Entscheidungen glücklich leben?

Unser Selbstvertrauen wird durch das Vertrauen in uns selbst ausgebildet. Wenn dieses stabil ist, wirkt sich das auch positiv auf unseren eigenen Selbstwert aus. Unser Selbstwertgefühl wird auch von dem Grad unseres Perfektionismus beeinflusst. In unserer schillernden Welt haben viele Menschen den Eindruck, dass Perfektionismus etwas Gutes und Schönes ist. Doch an dieser Stelle muss ich Sie enttäuschen, denn er ist nichts weiter als eine Illusion, welche von keinem Menschen auf der ganzen Welt erfüllt werden kann. Man setzt sich hohe Ansprüche und scheitert letztendlich. Sie können sich gewiss vorstellen, dass dies auch sehr an dem eigenen Selbstvertrauen sowie dem Selbstwertgefühl nagt. Wenn beides negativ beeinträchtigt wird, nimmt auch unsere Selbstliebe einen enormen Schaden.

An dieser Stelle habe ich jedoch auch eine gute Nachricht für Sie: Je höher Ihr echtes Selbstvertrauen tatsächlich ist, desto geringer wird auch der Anspruch an Perfektion. Tatsächlich ist der Perfektionismus nämlich nichts anderes als die Angst vor Fehlern sowie deren Folgen.

Dieses Kapitel soll Ihnen aufzeigen, wie Sie das Vertrauen in Ihre eigenen Fähigkeiten und Kräfte sowie Ihre Entscheidungsfähigkeit erheblich stärken können. Zudem möchte ich Ihnen verdeutlichen, wie Sie ein glückliches Leben mit Ihren getroffenen Entscheidungen führen und letztlich den Perfektionismus ablegen können.

**Das Vertrauen in die eigenen Kräfte**

Wer unabhängig von dem Verhalten anderer Menschen sein möchte und ganz gelassen und zuversichtlich seinen eigenen Weg gehen will, damit er sich nur noch um sein eigenes Glück kümmern kann, benötigt Vertrauen in die eigenen Kräfte. Dazu zählt, dass man sich auf diese auch verlassen kann, egal, in welcher Lage man sich befindet. Jeder Mensch sollte selbst dazu in der Lage sein, sich ein glückliches Leben aufzubauen, bei dem er andere Menschen nicht braucht.

Das Thema ist allerdings sehr weitläufig und man müsste hier die Angel sehr weit hinaus werfen. Daher möchte ich an dieser Stelle sagen, dass ich auf die Analyse der Ursachen verzichten werde. Ich möchte Ihnen wichtige Tipps mitgeben, wie Sie Ihr Vertrauen aufbauen können. Um Vertrauen aufzubauen, ist folgende Voraussetzung sehr wichtig: Sie müssen Ihre Glaubenssätze verändern. Natürlich weiß ich, dass dies viel leichter gesagt ist als getan. Sie haben bereits erfahren, dass sich die Glaubenssätze aufgrund der gemachten Erfahrungen in uns gebildet haben. Diese dienen uns sozusagen als Beweise und bestärken die innere Überzeugung.

Wenn wir nun also Dinge, welche wir nicht so gut können, dennoch versuchen, werden wir wieder negative Erfahrungen machen, wodurch sich die negativen Glaubenssätze verhärten können. Dadurch wird natürlich auch unser Selbstvertrauen weiter abgebaut. Unser Gehirn nimmt das positive Denken nicht als Gegenbeweis an, wodurch es keinen Einfluss auf die bestehenden Glaubenssätze hat. Aber wie löst man nun dieses Dilemma? Wie baut man nun echtes Selbstvertrauen auf? Hierfür habe ich ein kleines Beispiel für Sie:

Paulina ist davon überzeugt, dass sie keine Vorträge halten kann. In der Vergangenheit hat sie schließlich immer wieder diese Erfahrung gemacht. Es nützt ihr nichts, wenn sie sich nun vor dem nächsten Vortrag einige Male sagt, dass sie das gut könne. Das wird ihr der eigene Verstand nicht glauben, immerhin hat er dafür genug Gegenbeweise.

Was aber kann Paulina nun tun? Der einfachste Weg wäre es, den Vortrag zu vermeiden. Das wird aber nicht immer möglich sein und stellt auch eher eine Flucht, aber keine Lösung dar. Viel besser ist es, wenn sie damit beginnt, andere positive Erfahrungen zu sammeln. Diese sind neue Beweise, welche unsere Überzeugungen dauerhaft verändern können. Die alten werden dann dadurch ersetzt. Wie aber kann Paulina diese positiven Erfahrungen sammeln?

Am besten eignen sich hierfür Situationen, wo die Anforderungen nicht zu hochgesteckt sind. Paulina könnte nun einfach einen kleinen Vortrag auf einer Familienfeier anstatt vor der ganzen Klasse halten. Sie könnte auch beim nächsten Essen mit Familie und Freunden einen kleinen Toast aussprechen. Darauf kann sie sich gut vorbereiten. Ihr Ziel wird es sein, den kleinen Vortrag im vertrauten Umfeld zu ihrem persönlichen Erfolg zu machen.

Tatsächlich kann man auf diese Weise nicht nur die Glaubenssätze bezüglich der eigenen Fähigkeiten verändern, sondern auch alle anderen.

Die Lösung für Paulina und auch für Sie ist also, dass man die Situation übt, und zwar dann, wenn die Wahrscheinlichkeit besteht, dass man dabei Erfolg hat. Zudem sollten vorübergehend schwierige Situationen vermieden werden, denn damit schützt man sich vor schlechten Erfahrungen. Mit jeder positiven Erfahrung, die man sammeln kann, wird auch das Selbstvertrauen immer weiter steigen.

Damit wird auch die Wahrscheinlichkeit auf neue Erfolge erhöht. Hierbei kann dann der Schwierigkeitsgrad Schritt für Schritt gesteigert werden.

Hat man letztendlich genug Beweise gesammelt, werden die negativen Glaubenssätze durch positive ersetzt. Damit korrigiert man automatisch die eigenen Erwartungen. Nehmen Sie sich nun Ihre negativen Glaubenssätze vor, welche Ihr Vertrauen in sich und Ihre stark erschüttern. In den Bereichen, in denen Sie unsicher sind, können Sie nun üben. Wichtig ist, dass Sie verstehen und dies auch verinnerlichen, dass Sie nicht in allen Bereichen gut sein können, das können auch alle anderen Menschen nicht.

Sie sollten dafür sorgen, dass Sie in jenen Bereichen, welche Ihnen wichtig sind, allmählich die notwendigen Fähigkeiten entwickeln, um darin Erfolg zu haben. Nur auf diesem Weg können Sie auch eine tiefe innere Zufriedenheit mit Ihrem eigenen Leben erreichen. Erzielen Sie Erfolge in den für Sie wichtigen Lebensbereichen, gibt das Ihrem Selbstvertrauen einen unglaublichen Schub. Erfolge sind demzufolge sehr starke Beweise für Ihre Fähigkeiten.

### Den Perfektionismus ablegen

In unserer Gesellschaft ist die Vorstellung weitverbreitet, dass man in allen Dingen alles gut erledigen muss, dass man möglichst in allen Bereichen Kompetenzen hat, keine Fehler machen darf, besser als andere sein muss und mehr Energie als andere haben sollte.

Kurzum gesagt: Nach außen muss man immer das perfekte Bild abgeben. Das gilt für unsere Optik, unsere Fähigkeiten und unsere Laune.

Durch ebendiesen Anspruch setzt man sich selbst gewaltig unter Druck und gerät letztendlich in Stress. Die Frage ist, warum wir das überhaupt tun. Die Antwort darauf ist ganz einfach: Wir erwarten einen Nachteil oder dass etwas Schlimmeres passiert, wenn wir nicht perfekt sind. Demzufolge entsteht die Perfektion aus einer Angst heraus. Das ist uns aber häufig nicht bewusst.

Wir bemerken, dass wir es nicht aushalten, eine unfertige, nicht ganz fehlerfreie oder perfekte Arbeit abzuliefern. Sind Sie tatsächlich vom Perfektionismus betroffen? Vielleicht nehmen Sie an, dass Sie davon nicht betroffen sind, weil Sie in einigen Lebensbereichen sehr entspannt sind. Tatsache ist aber, dass man zwar in einem Lebensbereich sehr entspannt sein kann, in anderen jedoch wieder sehr perfektionistische Ansprüche an sich selbst hat.

Der Grund dafür ist: Man hat zwar in einem Lebensbereich positive Erfahrungen, im anderen jedoch nicht, wodurch eine größere Angst vor negativen Konsequenzen heranwächst. Möglicherweise haben Sie dabei selbst schlechte Erfahrungen gemacht. Vielleicht wurden Sie für etwas abgelehnt, ausgelacht oder ausgegrenzt. Möglicherweise haben Sie auch die Ängste anderer Menschen übernommen. Ja, Ängste sind tatsächlich ansteckend. Wenn Sie merken, dass Sie tatsächlich davon betroffen sind, sollten Sie sich einmal überlegen, in welchen Bereichen Sie tatsächlich perfekt sein müssen. Diese schreiben Sie sich am besten auf. Damit ist es aber nicht getan, denn jetzt schauen wir erst einmal genauer hin.

Beschäftigen Sie sich nun mit der Frage, welche Befürchtungen hinter Ihren hohen Ansprüchen stehen. Hierbei sollten Sie wirklich ehrlich vorgehen, auch wenn es schwerfällt oder sogar weh tut.

❖Welche Befürchtungen haben Sie, wenn Sie tatsächlich nur das Mittelmaß wären?

❖Welche Konsequenzen würden dann auf Sie zukommen?

❖Bewundern andere Menschen Sie dann nicht mehr?

❖Respektiert oder beachtet man Sie dann nicht mehr?

❖Was sind Ihre Beweggründe, weshalb Sie perfekt sein müssen?

Im Anschluss an diese Aufgabe sollten Sie hinterfragen, weshalb Ihr Umfeld so negativ auf Ihre Nicht-Perfektion reagieren könnte. Hat Ihr Umfeld vielleicht recht? Tatsächlich kann sich hinter einer solchen Erwartung eine sehr tief verborgene Haltung verstecken, durch welche die negativen Reaktionen angemessen und berechtigt sind.

Wenn wir selbst davon überzeugt wären, dass wir gut genug sind, so wie wir sind, und auch nur das Allerbeste verdienen, wären wir ziemlich empört über diese Reaktion, wenn wir einmal eine schlechte Erfahrung mit der Reaktion anderer machen würden. Wir finden deren Reaktion unberechtigt und würden sofort damit beginnen, uns zu verteidigen und für uns selbst einzustehen. Dann würden wir uns auch nicht den Erwartungen anderer beugen. Im Zweifelsfall würden wir uns sogar von diesen Menschen trennen und uns dann ein neues Umfeld suchen.

Ist jedoch das Gegenteil der Fall und wir betrachten uns in irgendeiner Form als minderwertiger als andere, würden wir glauben, dass die anderen mit ihren Reaktionen tatsächlich richtig liegen. Wir würden dann glauben, dass wir so, wie wir sind, nicht ausreichen. An dieser Stelle können wir festhalten, dass Perfektionismus auch durch zu geringes Selbstwertgefühl entsteht. Wenn aber unser Selbstwertgefühl und das Selbstvertrauen gestärkt werden, nimmt unsere Sucht nach Perfektion ab, bis sie schließlich ganz verschwindet.

Jeder Mensch kann zwei Dinge tun, um sich aktiv von seinem Perfektionsanspruch zu befreien. Man sollte sich von Menschen entfernen, welche tatsächlich Negativreaktionen auf die Nicht-Perfektion zeigen. Diese Einstellung ist subjektiv und hat rein gar nichts mit einem selbst zu tun. Jeder ist gut genug, so wie er ist. Niemand ist perfekt. Daher sollte sich jeder mit Menschen umgeben, die einen als ausreichend sehen.

Wenn man sich nicht von diesen Menschen distanziert, werden diese negativen Einfluss auf unsere innere Haltung haben. Bereits nach kurzer Zeit beginnt man dann, zu denken, dass diese Menschen recht haben. Somit wird man wieder versuchen, die hohen Ansprüche zu erfüllen.

Es kostet jede Menge Überwindung, doch man sollte tatsächlich die Reaktionen der anderen Menschen testen. Dabei ist es ratsam, in kleinen Schritten voranzugehen, um zu schauen, was passiert, wenn wir mal keine perfekte Arbeit machen oder uns am Strand im Bikini oder Badehose präsentieren, obwohl die Figur nicht perfekt ist. Wenn Sie diesen Schritt wagen, sollten Sie mit einer Aufgabe anfangen, die nicht ganz so gewichtig ist.

In den meisten Fällen stellt man dann tatsächlich fest, dass das Urteil anderer gar nicht so streng ausfällt, wie man es befürchtet hat. Man kann dann feststellen, dass andere einen trotzdem mögen und zufrieden sind. Wenn man diese kleinen Tests immer wieder durchführt und die Reaktionen anderer weniger negativ sind, werden sich auch nach und nach die eigenen Erwartungen ändern. Dadurch entsteht eine innere Zuversicht, dass man keine Angst haben muss, wenn man mal nicht perfekt ist.

## Entscheidungen treffen, welche glücklich machen

Tatsächlich legen wir den zukünftigen Weg mit jeder großen Lebensentscheidung fest. Dabei sind manche Entscheidungen reversibel und andere wiederum nicht. Auch hier bezahlen wir für jeden Weg beziehungsweise für jede Entscheidung einen Preis, denn man muss fast immer, wenn man zu etwas Ja sagt, zu etwas anderem Nein sagen. Demzufolge entscheidet man sich immer auf der einen Seite für etwas und auf der anderen Seite gegen etwas anderes.

Manchmal hat man Angst, etwas zu verpassen. Diese macht uns genauso unruhig wie die Angst, dass man eine Entscheidung trifft, welche unglücklich macht, oder die Angst vor Veränderungen, denn diese bringen Entscheidungen auch immer mit sich.

Tatsache ist aber, dass es kein Lebenskonzept gibt, bei dem wir alles haben können. Es wird demzufolge nichts gewonnen, wenn jemand versucht, sich alle Alternativen offenzuhalten. Es funktioniert nicht, sich alle Alternativen im Leben offen halten und ausprobieren zu können. Im Endeffekt lebt man dann keine von ihnen, da man sich für keine entscheiden konnte. Demzufolge sollte jeder damit aufhören, sich innerlich anzutreiben und unter Druck zu setzen, wenn es darum geht, eine wichtige Entscheidung zu treffen, nur, um keinen Fehler zu machen.

An dieser Stelle möchte ich Ihnen eine neue Sicht auf Ihre Entscheidungen geben, welche Sie noch treffen müssen, und auf jene, welche Sie bereits getroffen haben.

Jeder Mensch kann in seinem Leben vieles tun und haben, wenn er lernt, dass er die Dinge hintereinander tun muss und auch jeder Lebensphase genug Zeit einräumt. Trotzdem verzichtet man mit jeder Entscheidung auch auf Dinge, für die man sich nicht entschieden hat. Auch, wenn es für viele Menschen erschreckend sein mag, so ist hier das Gegenteil der Fall. Immerhin bedeutet das, dass egal, welche Entscheidung man getroffen hat, diese auch etwas Schönes zu bieten hat, worauf Sie bei der anderen Entscheidung hätten verzichten müssen. Man sollte sich bei Entscheidungen daher genau auf diese Tatsache fokussieren und sich entspannen. Egal, welche Entscheidungen man trifft, jeder kann etwas ganz Fantastisches daraus machen, wenn dafür die Verantwortung übernommen wird.

Das ist eine sehr bewusste Entscheidung. An dieser Stelle möchte ich Ihnen empfehlen, diese genau jetzt zu treffen. Kein Weg auf der ganzen Welt wird uns je das ewige Glück und immer strahlenden Sonnenschein bieten. Gute Entscheidungen machen nicht automatisch glücklich. Zudem müssen falsche Entscheidungen auch nicht immer unglücklich machen. Man kann glücklich leben, wenn man eine falsche Entscheidung getroffen hat, oder unglücklich, wenn man eine richtige Entscheidung traf.

Sie können sich also merken, dass jeder Weg zum Glück führen kann, wenn man aktiv dafür sorgt. Das funktioniert natürlich auch andersrum, besonders dann, wenn man zu viel erwartet und annimmt, dass man nichts weiter für das Glück tun muss.

Mit anderen Worten lässt sich sagen, dass man mit seinen Entscheidungen glücklich sein wird, wenn man sich selbst auch um sein Glück bemüht. Jeder ist seines Glückes Schmied. Dieses Zitat trifft hier den Nagel auf den Kopf. Niemand kann uns die Arbeit abnehmen. Es ist auch wichtig, dass wir nicht zurückschauen, wenn wir eine Entscheidung getroffen haben, uns nicht mit anderen vergleichen, uns nicht fragen, wie unser Leben aussehen würde, wenn wir den anderen Weg gewählt hätten. Der Fokus sollte auf dem ausgewählten Weg liegen. Jeder sollte zu seinen Entscheidungen stehen und dafür sorgen, dass er glücklich wird.

An dieser Stelle möchte ich anmerken, dass ich damit nicht sagen möchte, dass es egal ist, welche Entscheidungen wir treffen, und wir uns daher nicht mit unangenehmen Fragen beschäftigen müssen. Es ist sogar sehr wichtig, wie wir uns entscheiden. Dennoch ist es mindestens genauso wichtig, unseren Weg aktiv zu gestalten und nicht nur auf das Glück zu hoffen.

Wer sich dafür entscheidet, aktiv für sein Glück zu sorgen, kann viel gelassener und entspannter an wichtige Entscheidungsfragen herangehen. Das ist die beste Voraussetzung, um tatsächlich eine Entscheidung treffen zu können. Lehnen Sie sich zurück, entspannen Sie sich und freuen Sie sich auf Ihren neuen Weg. Mit jeder Entscheidung wird einem die Chance geboten, wunderbare und neue Dinge zu erleben. Neue Dinge sorgen für Lebendigkeit und bieten wiederum neue Chancen, um zu wachsen, zu lernen und aufzublühen.

## Glaubenssätze nachhaltig verändern

Ich habe bereits erwähnt, dass es notwendig ist, die negativen Glaubenssätze zu verändern und aufzulösen. Aber wie geht man dabei vor? Immerhin haben sich diese über viele Jahre oder sogar Jahrzehnte hinweg in unseren Köpfen festgesetzt.

Glaubenssätze sind nichts anderes als unsere inneren Überzeugungen beziehungsweise Erwartungen. Diese haben wir über uns selbst, andere Personen, die Welt und bestimmte Ursachen-Wirkungszusammenhänge. Sie tragen sehr entscheidend dazu bei, wie sehr wir dazu fähig sind, uns selbst zu lieben, und wie viel wir uns tatsächlich selbst zutrauen. Unsere Glaubenssätze sind durch bestimmte Erfahrungen, welche wir bisher gemacht haben oder bei anderen Menschen auch beobachten konnten, entstanden. Diese lassen sich nicht so einfach durch positives Denken ersetzen oder verändern. Zudem lassen sie sich auch nicht einfach so wegdenken oder ignorieren. Wir können uns also nicht einfach so von ihnen befreien.

Es ist dennoch möglich, die negativen Glaubenssätze durch neue und vor allem positive zu ersetzen. Denken Sie noch einmal an das Beispiel von Paulina zurück. Sie war fest davon überzeugt, dass sie keine Vorträge halten konnte. Grund dafür waren die negativen Erfahrungen, welche sie in der Vergangenheit machte. Wenn es auch Ihnen so geht, bringt es rein gar nichts, wenn Sie beim nächsten Vortrag immer wieder zu sich selbst sagen, dass Sie sehr wohl einen Vortrag vor anderen halten können. Das wird Ihnen Ihr Verstand nicht abnehmen, immerhin hat er nicht genug Gegenbeweise gesammelt.

Demzufolge müssen Sie nun damit beginnen, neue und vor allem positive Erfahrungen zu sammeln. Dadurch bekommt Ihr Verstand neue Beweise und die bisherigen Überzeugungen lassen sich dauerhaft ändern und ersetzen.

Wie ist es aber möglich, dass man neue und vor allem positive Erfahrungen sammelt, wenn es einem doch schwerfällt, Vorträge vor anderen Menschen zu halten? Wie bereits bei Paulina erklärt, müssen Sie klein anfangen. Üben Sie die Vortragssituationen im kleinen Rahmen und mit vertrauten Personen oder auch vor dem Spiegel. Wichtig ist, dass Sie kleine Erfolge machen, diese wahrnehmen und sich auch darüber freuen.

Auf diese Art und Weise lassen sich zahlreiche negative Glaubenssätze verändern. Daher sollten Sie unbedingt dafür sorgen, dass Sie all das in Situationen üben, in denen die Wahrscheinlichkeit sehr hoch ist, dass Sie Erfolge erzielen. Zudem sollten Sie vorübergehend schwierige Situationen vermeiden. So gelingt es Ihnen, sich vor negativen Erfahrungen zu schützen.

Ihr Selbstvertrauen wird mit jeder positiven Erfahrung steigen. Das erhöht auch die Wahrscheinlichkeit, weiterer Erfolge. Steigern Sie dann den Schwierigkeitsgrad langsam. Erst, wenn Sie tatsächlich genug positive Erfahrungen gesammelt haben, welche für Ihren Verstand als neue Beweise gelten, können Sie Ihre negativen Glaubenssätze tatsächlich durch positive ersetzen. Damit werden auch Ihre Erwartungen automatisch korrigiert.

Nehmen Sie sich außerdem Menschen zum Vorbild, welche genau das, was Sie lernen wollen, schon gut können. Beobachten Sie diese ganz genau. Bei Ihren Übungen können Sie deren Verhalten imitieren. Lassen Sie sich außerdem die Zeit, die es braucht. Nichts lässt sich von heute auf morgen ändern, schon gar nicht die Glaubenssätze, welche tief in unserem Gehirn verankert sind.

Wichtig ist auch, dass Sie sich niemals überfordern, denn nur so können Sie Ihre Anforderungen erfüllen und an Selbstvertrauen gewinnen. Sie sollten sich dann vor allem die Glaubenssätze vornehmen, durch welche Sie sich selbst am meisten im Weg stehen, um ein glückliches Leben zu leben. Sie können sich dann eine Liste erstellen oder einen sogenannten Aktionsplan, welcher genau aufzeigt, wie Sie die positiven Gegenbeweise sammeln wollen. Auf diese Art und Weise können Sie die negativen Glaubenssätze Stück für Stück durch positive ersetzen. Dadurch gewinnen Sie auch Ihr Selbstvertrauen zurück.

**Immun gegen die Urteile anderer werden**

Auf vielen Wegen gibt es Stolpersteine. So ist es auch beim Weg zur Selbstliebe. Besonders am Anfang, wenn Ihr Selbstwertgefühl noch nicht genug aufgebaut ist, werden Sie öfter stolpern. Bei der Reise zur Selbstliebe ist ein großer Stolperstein, dass man Wert auf die Urteile von anderen legt. Hierzu zählen insbesondere die Reaktionen anderer Menschen, welche verbal oder nonverbal geäußert werden und uns mitteilen, ob wir etwas gut oder schlecht gemacht haben, deren Ansprüchen genügen oder nicht, ob wir erfolgreich sind, fit genug sind, eine gute Kleidungswahl getroffen haben, klug oder reich genug sind.

Das sind ganz schön viele, manchmal auch unausgesprochene Rückmeldungen durch andere Menschen bezüglich unseres Verhaltens. All das nimmt erheblichen Einfluss auf unser Selbstbild, unser Selbstvertrauen, das Selbstwertgefühl, das Wohlbefinden und auch auf unsere Erfolge. Auch Sie werden nicht immer positiv eingestellt sein, ganz besonders nicht am Anfang Ihrer Reise zur Selbstliebe. Wir können nicht damit aufhören, die Urteile anderer wahrzunehmen. Es gelingt uns nicht, uns dauerhaft von ebendiesen zu distanzieren.

Besonders, wenn man über lange Zeit hinweg nur negative Reaktionen von seinem Umfeld bekommen hat, sollten die Urteile anderer nicht unterschätzt werden. Man sagt immer: „Steter Tropfen höhlt den Stein!" So ist es tatsächlich auch mit den immer wiederkehrenden, negativen Urteilen. Die Frage ist nun, was man dagegen tun kann. Besonders am Anfang ist es sehr wichtig, dafür zu sorgen, dass man sich in einem Umfeld bewegt, in welches man tatsächlich hineinpasst und in dem man sich grundsätzlich positiv gesehen fühlt. Dies gilt im privaten als auch im beruflichen Umfeld. Niemand sollte sich länger als nötig mit jenen Menschen umgeben, welche einen nicht richtig oder nicht gut genug finden. Das hat niemand nötig.

An dieser Stelle muss ich jedoch erwähnen, dass es auch in dem passendsten Umfeld immer wieder eine Person geben wird, welche Sie nicht mögen oder verstehen wird und Sie sogar ändern oder über Sie entscheiden möchte. Daher sollte man immer das Bestmögliche tun, um sich von ebendiesen Urteilen unabhängig bewegen zu können.

Je stärker wir diesen Urteilen glauben, desto weniger können wir sehen, wer und wie wir wirklich sind. Kein Mensch auf der ganzen Welt sollte sein Selbstbild von anderen Menschen verzerren oder ankratzen lassen. Natürlich hat manchmal jemand aus unserem Umfeld auch einfach nur einen schlechten Tag oder ärgert sich über etwas. Möglicherweise verspürt er aber auch Neid, weil wir etwas haben oder besser können als diese Person. Auf diese Art und Weise sollen wir ein schlechtes Gefühl bekommen und unsere Stimmung soll quasi den Bach heruntergehen. Es ist auch denkbar, dass diese Person ganz andere Werte als wir selbst hat, wodurch sie sich an unserem Verhalten stört.

Jeder Mensch fällt sein Urteil aufgrund der eigenen Wertvorstellungen. Dies kann dann negativ oder positiv ausfallen. Jeder Mensch sollte und muss nach seinen eigenen Werten und Idealen handeln und leben. Für niemanden sollte es eine Rolle spielen, was die anderen davon halten oder denken, denn das ist für uns und unsere eigene Zufriedenheit nicht von Bedeutung. Daher sollten Sie lernen,

Ihrem eigenen Urteil über sich selbst mehr Glauben zu schenken und ihm mehr zu vertrauen. Sie kennen sich selbst nun einmal am besten.

Das eigene Urteil entsteht durch die eigenen Werte. Wenn wir negative Rückmeldungen durch andere Menschen erfahren, ist es sehr wichtig, dass wir uns daran erinnern, dass dies nur eine subjektive Meinung ist. Diese hat jedoch keineswegs etwas mit uns zu tun. Demzufolge ist es wichtig, dass man die Urteile hinterfragt und überprüft:

- Hat die Person recht?
- Habe ich etwas falsch gemacht?
- Habe ich jemandem Schaden zugefügt?

Wenn all das nicht der Fall ist, handelt es sich um ein falsches Urteil, welches durch das eigene korrigiert werden muss. Sagen Sie sich dann einfach, dass diese Person im Unrecht ist und Sie keineswegs verstanden hat. Die Person ist nicht dazu in der Lage, zu erkennen, wer Sie selbst sind. Aus diesem Grund braucht Sie deren Urteil auch nicht zu interessieren und Sie können bei Ihrer eigenen Einschätzung bleiben.

Besonders hilfreich ist hierfür die regelmäßige Meditation, welche unsere Konzentration stärkt. Je mehr man selbst dazu in der Lage ist, den eigenen Fokus zu kontrollieren, desto schneller und müheloser kann man auch die falschen Urteile von anderen wegschieben. Nur so kann man die freie und klare Sicht auf das eigene Urteil wiederherstellen.

Dabei wird eine geistige Resilienz entwickelt. Sie bildet eine optimale Grundlage für unser Selbstvertrauen und das Selbstwertgefühl und damit auch für unsere dauerhafte und stabile Selbstliebe, die wir stark halten und gegen jegliche Widerstände und Angriffe von außen verteidigen können und sollten.

## 4. DIE MACHT DER INNEREN STIMME

Jeder Mensch hat eine innere Stimme. Diese kann besonders machtvoll sein. Doch so schön diese auch klingen mag, so gefährlich kann sie unserem neuen Selbstwertgefühl und dem neuen Selbstvertrauen auch werden. Sie kann die beiden sogar in kürzester Zeit zerstören, aber nur dann, wenn es uns nicht gelingt, diese zu regulieren. Aus diesem Grund müssen wir unserer inneren Stimme Aufmerksamkeit schenken.

Sie hat ihren Thron direkt in unserem Kopf und führt sich regelrecht wie ein König auf, da sie ständig mit uns spricht und uns manchmal sogar herumkommandiert. Wie wir uns fühlen, hängt davon ab, wie diese Stimme mit uns spricht. Entweder fühlen wir uns gut, anerkannt, bestätigt und gemocht, oder aber sie hat einen sehr unfreundlichen Ton, wodurch wir uns dann falsch, klein oder unzulänglich fühlen können.

Manchmal sagt sie uns Dinge wie: „Konntest du nicht aufpassen!", „Wenn du das machst, wirst du dich lächerlich machen!", oder: „Das schaffst du nie, wenn es nicht schneller geht!" Wenn diese Stimme tatsächlich so mit uns spricht, stellt sich die Frage, wie man ausgerechnet mit dieser inneren Stimme Erfolg erzielen soll. Wenn wir uns durch unsere innere Stimme schlecht fühlen, wird es nicht lange dauern und wir ziehen den Kopf ein, lassen die Schultern herabhängen und fühlen uns minderwertig, werden unsicher oder reagieren angespannt.

Sie kann uns aber auch Dinge sagen wie: „Wow, du siehst richtig klasse aus!" oder „So genial wie du muss man erst einmal sein!" Wenn wir diese Worte in unserem Kopf hören, richten wir uns auf, empfinden Stolz und fühlen uns bestätigt. Unsere innere Stimme kann uns aber auch sagen, dass wir einen Schritt nach dem anderen gehen sollen, alles mit Ruhe angehen und uns nicht unter Druck setzen sollten. Dadurch fühlen wir uns beruhigt.

Bei all diesen verschiedenen Redensarten lässt sich gut erkennen, dass die innere Stimme tatsächlich sehr mächtig ist und wir sie keineswegs unterschätzen sollten. Es reicht ein einziger Satz aus, um Einfluss auf unser Lebensgefühl, Selbstwertgefühl, das Selbstvertrauen und die Selbstliebe zu nehmen. Um das zu verdeutlichen, können Sie sich einmal vorstellen, was wohl geschehen wird, wenn eine Person immer wieder und das auch über viele Jahre hinweg Sätze hört, welche sie niedermachen, antreiben oder ihn infrage stellen. Wie wird sich diese Person fühlen?

Stellen Sie sich das Gleiche auch mit einer Person vor, die über all die Jahre Bestätigung, Lob, Bewunderung und Mitgefühl von der inneren Stimme zu hören bekommt. Eine traurige Tatsache ist, dass wir irgendwann tatsächlich glauben, was die innere Stimme uns immer wieder sagt. Dementsprechend beginnt man auch, sich zu verhalten. Von der Außenwelt bekommt man dann zu allem Überfluss auch noch die entsprechenden Reaktionen, welche das negative Selbstbild bestätigen. Leider merken wir das oftmals nicht einmal selbst.

Dementsprechend kann es passieren, dass ein Mensch, der eigentlich klug, begabt und fleißig ist, sich ständig unzulänglich fühlt und sich dann für die mangelnden Leistungen selbst herunterputzt. Er wird versuchen, sich immer wieder zu neuen und besseren Leistungen anzutreiben, damit er sich wenigstens irgendwie im Spiegel betrachten kann. Auch ein sehr attraktiver Mensch kann durch seine innere Stimme sehr kritisch mit sich selbst umgehen. Dieser wird sich damit für die kleinsten Makel verurteilen, seinen Körper ablehnen und sich selbst hassen, da er nicht vollkommen ohne Makel ist.

Demzufolge ist es sehr wichtig, dass man versteht, dass wir unser Selbstbild auch durch unsere innere Stimme erschaffen. Ebenso müssen wir lernen, zu verstehen, dass wir dieses auch jederzeit neu erschaffen können. Genau das sollten wir ganz bewusst tun, denn unser gesamtes

Lebensgefühl ist davon abhängig. Lassen Sie daher Ihre innere Stimme nicht länger Ihren Feind sein, sondern machen Sie diese zu Ihrem Freund, welcher gut und wohlwollend ist, der Sie kennt und mag, Sie unterstützt und bestätigt und lieb hat wie Sie sind, ohne dass Sie dafür etwas tun müssen. Dieser Freund sollte seine Worte vorsichtig wählen. Außerdem sollte er dazu in der Lage sein, die Kritik liebevoll herüberzubringen, und er sollte uns nicht infrage stellen oder für Schwächen niedermachen.

Auch wir selbst sollten so mit uns umgehen. Daher empfehle ich Ihnen, dass Sie jeden Tag liebevoll mit sich selbst sprechen. Leider ist es oftmals so, dass sich unsere innere Stimme verselbstständigt hat und wir dann nicht mehr bewusst wahrnehmen, was sie überhaupt zu uns sagt. Demzufolge wird auch die Art, wie sie mit uns spricht, als normal betrachtet. An dieser Stelle müssen wir uns mit der Frage auseinandersetzen, wie wir die innere Stimme zu einem guten Freund machen können.

Nehmen Sie sich als Erstes vor, einen Tag lang ganz bewusst darauf zu achten, was Ihnen Ihre innere Stimme sagt. Dabei sollten Sie auch darauf achten, wie die innere Stimme zu Ihnen spricht. Natürlich wird Ihnen das nicht direkt in allen Situationen gut gelingen, doch Sie werden merken, dass es in anderen Situationen bereits viel besser läuft. Am besten stellen Sie sich vor, dass Sie mit einem anderen Menschen auf diese Art und Weise sprechen. Das verschafft Ihnen einen guten Eindruck darüber, wie Ihr eigenes Selbstbild aussehen sollte.

Das Beste ist immer, sich bei solchen Übungen alles aufzuschreiben. Ist es vielleicht der Fall, dass Sie an bestimmte Stimmen aus Ihrer Vergangenheit erinnert werden? Notieren Sie, wem diese Stimmen gehören und wer so mit Ihnen gesprochen hat. Möglicherweise waren es die Eltern, Geschwister oder Personen außerhalb der Familie. Notieren Sie ebenfalls, wie Sie sich damals gefühlt haben.

Es kann natürlich vorkommen, dass diese Erinnerungen schmerzen. Dennoch sollten Sie sich dazu Notizen machen. Wenn wir die Dinge aufschreiben, werden sie klarer. Wenn man sich tatsächlich von diesen lösen möchte, ist es erst einmal wichtig, dass man versteht, unter welchem Einfluss man in der Vergangenheit gestanden hat, welche Menschen diesen Einfluss auf uns hatten und was das mit uns gemacht hat.

Wird Ihnen all das bewusst, so können Sie auch erkennen, dass Sie selbst keine Schuld daran tragen. Sie werden sehen, dass Sie nicht falsch sind, sondern dass andere Menschen Fehler begangen haben. Wenn Ihnen das gelungen ist, können Sie damit beginnen, diesen Stimmen nicht länger Gehör und Bedeutung zu schenken. Dann ist es an der Zeit, dass Sie sich bestätigende und unterstützende Dinge sagen. Nun können Sie damit beginnen, mit sich selbst so zu sprechen, wie Sie mit einem guten Freund sprechen würden.

Dafür können Sie an den liebevollsten und herzlichsten Menschen denken, der Ihnen in Ihrem bisherigen Leben begegnet ist. Sie können die Stimme dieser Person nun auf Ihre innere Stimme übertragen, um mit sich selbst zu sprechen. Welche Dinge Ihnen die Stimme nun sagt, bestimmen Sie selbst. Durch das Ausleihen der Stimme können Sie von der negativen Stimme Abstand gewinnen und diese letztlich auslöschen.

In den nächsten zwei Wochen sollten Sie diese Übung jeden Tag wiederholen. Überlegen Sie sich, zu welcher Zeit Sie diese Übung in Ihren Tagesablauf integrieren können. Mit der Zeit wird Ihre Stimme genau diese Gewohnheit übernehmen. Dann geht sie vollkommen automatisch so mit Ihnen um und Sie müssen diese nicht länger bewusst steuern.

Es lässt sich auch sagen, dass Sie Ihre innere Stimme erziehen, damit diese Sie gut behandelt und eine gute Unterstützung darstellt, Ihnen Sicherheit und Bestätigung schenkt. Die innere Stimme lernt, dass sie Sie nicht länger klein macht oder verunsichert. Dadurch werden sich Ihr Selbstwertgefühl, Ihr Selbstvertrauen, Ihre Selbstliebe und das gesamte Lebensgefühl sehr massiv und positiv verändern. Nach und nach wird Ihre innere Stimme zu einem Instrument, welches Ihnen Aufmerksamkeit, Bestätigung, Liebe und Zuwendung zukommen lässt.

## 5. SICH SELBST LIEBEVOLL BEHANDELN

Wer tatsächlich gut mit sich umgehen möchte, der muss sich in allererster Linie auch gut um seine eigenen Bedürfnisse kümmern. Daher sollte jeder Mensch lernen, für sich selbst zu sorgen, sich wichtig zu nehmen und vor allem auch dazu bereit sein, den Preis für das eigene Wohlergehen zu bezahlen. Bereits bei der zweiten Säule habe ich darüber schon einmal etwas berichtet. An dieser Stelle möchte ich Sie dazu ermutigen, dies auch in Ihrem Leben umzusetzen.

Ebenfalls ist es wichtig, dass man mit sich selbst nachsichtig umgeht. Eine traurige Tatsache ist jedoch, dass man viel zu hart mit sich selbst umgeht, sich Vorwürfe macht und sich ständig zu neuen Leistungen antreibt. Dabei übergeht man sich jedoch selbst. Ein sehr entscheidendes Instrument ist dabei unsere innere Stimme, wie Sie bereits bei Säule vier erfahren haben. Sie sollten daher damit beginnen, nachsichtig mit sich selbst umzugehen. Es wird Ihnen umso leichter fallen, je mehr Sie Ihren Perfektionismus tatsächlich loslassen können.

Hierbei kann man natürlich auch etwas nachhelfen. Dazu sollte man einige Wochen lang ganz bewusst die innere Stimme beschwichtigen und beruhigen, wenn wir annehmen, dass wir einen Fehler gemacht haben oder unser Verhalten nicht perfekt war. Ebenso wichtig ist es, dass man sich regelmäßig selbst etwas Gutes tut und das auch ganz bewusst genießt. Dazu zählt auch, dass man sich die eigene Umgebung schön macht. Auf diese Art und Weise schenkt man sich nicht nur

Freude, Genuss oder Wohlbefinden, sondern gleichzeitig auch Aufmerksamkeit, Energie und Liebe.

Es ist dabei wichtig, dass man auch Wert auf gute Qualität legt, besonders dann, wenn es um elementare Dinge wie Lebensmittel, das eigene Zuhause, das eigene Bett, verschiedene Pflegemittel und das Trinkwasser geht. Wahrscheinlich müssen Sie dabei auch auf andere Dinge verzichten, doch es ist wichtig, dass Sie sich vor allem in diesem Bereich etwas Gutes tun.

Selbstliebe kann man sich wunderbar schenken, wenn man seine Sinne verwöhnt. Daher möchte ich Sie einladen, das regelmäßig tun. Hierfür möchte ich Ihnen im folgenden Text einige Anregungen geben. Jeder Mensch hat fünf Sinne. Diese sind von Mensch zu Mensch natürlich unterschiedlich ausgeprägt. Einige Genussmenschen haben eine sehr feine Nase, andere ein sehr feines Gehör. Es tut jedem gut, seine besonders ausgeprägten Sinne zu verwöhnen. Allerdings sollte niemand die anderen Sinne vergessen, denn diese dürfen ebenfalls verwöhnt werden. Nehmen Sie sich dafür ganz bewusst Zeit und schaffen Sie für sich wundervolle Rituale.

Bevor es so weit ist, sollten Sie beginnen, für jedes Sinnesorgan eine Liste zu erstellen und aufzuschreiben, was Ihnen tatsächlich Genuss bringt. Später dient Ihnen diese dann als Inspiration. Dann können Sie jede Woche ein richtiges Verwöhnprogramm für all Ihre Sinne starten.

### Der Sehsinn

Besuchen Sie ein wunderschönes Kunstmuseum, welches tolle Bilder zum Betrachten hat. Es kann aber auch ein Ausflug aufs Land sein oder Sie besuchen ein Restaurant, welches hoch oben in den Bergen oder in hohen Gebäuden liegt. Somit können Sie wundervolle Ausblicke genießen. Sie können auch klein anfangen und sich einen schönen

Blumenstrauß kaufen, neue Dekorationsstücke für die Wohnung zulegen oder einfach neue Bilder und Vorhänge aufhängen.

**Der Geruchssinn**

Umgeben Sie sich mit wundervollen Düften. Nutzen Sie ein besonderes Parfüm, versprühen Sie einen angenehmen Raumduft in Ihrem Zuhause oder zünden Sie sich Duftkerzen an. Sie können sich auch einen Blumenstrauß kaufen, welcher angenehm duftet. Sie können Ihre Haare mit einem duftenden Haaröl verwöhnen oder Ihr Badezimmer in eine Wohlfühloase verwandeln und sich ein Bad mit duftenden Zutaten gönnen.

**Der Hörsinn**

Verwöhnen Sie Ihre Ohren mit traumhafter Musik. Drehen Sie diese einmal richtig laut auf, damit Sie Ihren ganzen Körper erfüllen kann. Sie können auch dazu durch Ihre Wohnung tanzen, laut mitsingen oder einfach nur zuhören. Wem es zu Hause nicht erlaubt ist, laut Musik zu hören, da sonst die Nachbarn an die Decke gehen könnten, der kann dies natürlich auch in seinem Auto tun. Die Musik kann sich, besonders dann, wenn sie laut aufgedreht ist, durch unsere Körperzellen auch auf unsere Stimmung auswirken. Damit verbessert sie auch unsere Gesundheit.

Es gibt einige Kulturen, welche Heilklänge verwenden, um positiven Einfluss auf die Gesundheit auszuüben und sogar Krankheiten damit zu heilen. Kennen Sie die sogenannten Alphaliegen? Diese gibt es im Spa-Bereich einiger Hotels. Die Liegen schwingen leicht und geben bestimmte Klänge und Geräusche von sich. Dadurch wird die Gehirnaktivität verlangsamt und in den Alphawellen-Zustand versetzt. Das Ganze bewirkt eine tiefe und nach innen wirkende Entspannung, regt zur Kreativität an und versetzt Menschen, welche besonders stark auf akustische Reize reagieren, in den Zustand höchster Inspiration und Freude.

**Der Geschmackssinn**

Auch hier gibt es zahlreiche Möglichkeiten, sich zu verwöhnen. Gehen Sie in neue Restaurants und verwöhnen Sie sich dort mit exotischen Gerichten, einem guten Wein oder hochwertiger Schokolade und richtig gutem Käse. Wenn Sie noch nicht das Café mit dem besten Kuchen und dem besten Kaffee in Ihrer Stadt kennen, sollten Sie unbedingt herausfinden, welches das ist. Dann können Sie sich dort hin und wieder ein Stück Kuchen und einen traumhaft leckeren Kaffee gönnen. Befindet sich dieses sogar in der Nähe Ihres Arbeitsplatzes, können Sie sich hin und wieder auch etwas Kuchen an Ihren Schreibtisch holen. Zu Hause können Sie auch einmal Ihr Lieblingsgericht kochen, einen schönen Kuchen backen oder, wenn Ihnen das Kochen nicht liegt, diese Leckereien in einem Restaurant verspeisen.

Wichtig ist, dass Sie sich selbst mit jeder Menge Qualität verwöhnen. Sie können sich zum Beispiel einzigartige Gewürze kaufen oder exotische Kräuter und Gewürze sowie Früchte ausprobieren. Wer gern exotische Gerichte zu sich nimmt, sollte dafür authentische Lokale aufsuchen. Achten Sie hierbei einfach auf die Bewertungen der Restaurants.

Als größtes Organ des menschlichen Körpers zählt unsere Haut. Auch diese können Sie mit zahlreichen Erlebnissen verwöhnen. Dabei können Sie auf klassische Massagen oder Wellness-Anwendungen zurückgreifen. Sie können beispielsweise einen ayurvedischen Stirn-Öl-Guss ausprobieren. Hierbei wird ein warmer Öl-Strahl kontinuierlich über die Stirn gegossen. Dadurch wirkt sich eine tiefe Entspannung von der Stirn über den ganzen Körper aus und sorgt für Beruhigung und Inspiration des Geistes. Dabei werden unsere Gedanken beruhigt, vor allem dann, wenn wir Menschen sind, die sehr viel nachdenken oder sich häufig Sorgen machen. Ich empfehle Ihnen, diese Behandlung in einer Ayurveda-Klinik auszuprobieren, denn dort ist man darauf spezialisiert.

Eine längere Kopfmassage kann ebenfalls sehr wohltuend sein. Ebenso kann man eine Pediküre mit Massage für die Füße in Anspruch nehmen oder über Barfußpfade spazieren. Wichtig ist, dass man sich für alles ganz bewusst Zeit nimmt und die Anwendungen auch genießt.

## 6. GESCHENKE DES LEBENS ANNEHMEN

Es gibt viele Menschen, welche einen eher geringen Anspruch an ihr eigenes Leben haben, ohne dies überhaupt zu bemerken. Wahrscheinlich gab es irgendeinen Punkt in deren Leben, an dem sie resignierten und auch die Hoffnung aufgegeben haben, dass sie bestimmte Dinge hinbekommen würden. Dazu haben sie innerlich die passenden negativen Glaubenssätze ausgebildet, beispielsweise glauben diese Menschen, sie können kein gutes Geld verdienen.

Wenn sich das Selbstbild und das Selbstwertgefühl der Personen verändern, werden sich auch diese Glaubenssätze verändern. Manchmal ist es jedoch so, dass negative Überzeugungen, welche sehr tief sitzen, dennoch bestehen bleiben. Diese sagen einem dann, dass man vom Leben nicht allzu viel erwarten sollte oder annehmen dürfe, denn das hätte man selbst gar nicht verdient. In diesem Fall ist man in einem sogenannten „Mangeldenken" gefangen. Es besteht die Annahme, dass von allem viel zu wenig besteht. Dadurch erlaubt man sich auch weniger.

Jeder Mensch kann aber tatsächlich viel mehr vom Leben haben, als er selbst annimmt, und das sogar, ohne dass es dabei anderen Menschen schlecht geht. Das Mangeldenken muss hier durch ein Überflussdenken eingetauscht werden. Hierbei muss man den Blick auf all die Geschenke richten, welche uns das Universum zu bieten hat und die wir selbst noch annehmen müssen.

Die Aufgabe ist es also, zu erlernen, den Blick vom Mangel zum Überfluss, Reichtum und Fülle sowie Glück zu richten. Im vorangegangenen Text habe ich bereits erwähnt, dass unser Leben irgendwann so sein wird, wie unsere eigenen Gedanken. Somit bekommt man immer das, was man selbst erwartet. Wer sein Leben demnach ändern möchte, muss damit beginnen, seine Gedanken zu ändern. Wenn es auch Ihnen so geht, sollten Sie sich für neue Gedanken öffnen und Worte wie „entweder – oder" durch „sowohl – als auch" ersetzen.

Für keinen Menschen ist es ausgeschlossen, dass auch er eine wunderbare Partnerschaft, seinen Traumjob oder hohe Verdienste bekommen kann. Jeder Mensch muss es sich nur erlauben. Auch wenn uns all das durch das Universum vor die Nase gesetzt wird, werden wir alles abblocken, und die Geschenke mit all unseren Kräften aus unserem Leben fernhalten, solange die Überzeugung besteht, dass man es nicht verdient hat. Jeder Mensch sollte sich Glück erlauben, auch Sie!

Menschen, welche sich genau dieses Glück gönnen und sich im Leben auch die schönen Dinge erlauben, werden bemerken, dass dadurch auch deren Selbstwertgefühl weiterwachsen kann. Durch diese Haltung signalisiert man sich selbst, dass man es wert ist, das Glück in all seiner Fülle genießen zu dürfen. Sie sollten daher immer die Bereiche in Ihrem Leben betrachten, in welchen Sie häufig den Kürzeren ziehen und dadurch Ihre Interessen hintenan stellen müssen, wodurch Sie wiederum unzufrieden sind. Hierbei sollten Sie ganz ehrlich sein. Schreiben Sie doch einmal auf, was Sie glauben, das Ihnen in diesen Bereichen zusteht.

Eine Antwort auf diese Frage zu finden, ist keineswegs leicht und braucht jede Menge Überwindung. Kein Mensch auf der Welt wird sich jemals selbst gern eingestehen wollen, dass er das Glück selbst von sich fernhält. Immerhin würde man dann die Schuld selbst tragen und für die eigene Unzufriedenheit selbst verantwortlich sein. Trotzdem sollten Sie diese Hürde überwinden.

Auch, wenn es tatsächlich der Fall ist, können Sie jederzeit neue Entscheidungen treffen, auch dann, wenn man sich viele Jahre lang kein

Glück erlaubt hat. Hierbei spielt es keine Rolle, ob das auf bestimmte oder auf alle Lebensbereiche zutrifft. Man kann sich jederzeit neu dazu entscheiden, das Glück zuzulassen. Wer also selbstbewusst nach den schönen Dingen im Leben greifen möchte, muss es sich zunächst auch selbst erlauben. Auch, wenn es verrückt klingen mag, so erlaubt sich ein Großteil der Menschen das eigene Glück nicht. Das hat aber nicht immer etwas mit dem Gefühl von Minderwertigkeit zu tun. Es kommt auch vor, dass man sich schuldig fühlt, wenn man es sich besser gehen lässt als Menschen aus dem eigenen Umfeld, die man liebt. Hinzu kommt, dass man auch Angst vor der Veränderung hat.

Damit man all diese Blockaden lösen kann, muss man gute Gründe dafür finden, warum einem das Glück zusteht und warum man alles haben darf und sollte. Bei vielen Menschen ist die Überwindung sehr groß. Ich rate Ihnen, zunächst einmal drei Bereiche aufzuschreiben, in welchen Sie sich in der jetzigen Situation tatsächlich großes Glück gönnen wollen. Anschließend machen Sie sich Ihre Gründe klar und schreiben Sie zu jedem Bereich fünf kurze Sätze oder Stichpunkte. Orientieren Sie sich dabei an folgenden Fragen:

- Was wird geschehen, wenn Sie es noch zulassen?
- Wem wird es wehtun, wenn Sie in Ihrem Leben das große Glück zulassen?
- Welche Personen müssen Sie hinter sich lassen?
- Wen wollen Sie nicht verlieren oder verunsichern?
- Weshalb haben Sie das Glück nicht verdient?

Ich gebe Ihnen einen Satzanfang mit auf den Weg, welchen Sie nun vervollständigen sollten:

„Wenn ich das große Glück lebe, kann ich __________ ebenfalls auf mein Glückslevel hochziehen und ihn/sie ebenfalls glücklich machen. Ich werde diese Menschen nun für eine kurze Zeit verlassen, um den Weg zu meinem Glück zu gehen. Wenn ich dort angelangt bin, werde ich sie nachholen. Sie müssen sich nicht verändern. Aus eigener Kraft werde ich dafür sorgen, dass diese Menschen zu mir in den Zustand von Fülle, Reichtum sowie großem Glück kommen können. Die Menschen, die mir wichtig sind, werde ich nicht im Stich lassen."

Um Schuldgefühle und Minderwertigkeit zu überwinden, ist dieses Versprechen eine sehr wirksame Methode. Dadurch hat man einen sehr guten Grund, sich das Beste vom Leben zu gönnen. Eine weitere wundervolle Übung ist es, eine Dankbarkeitsliste zu schreiben, denn nichts, was uns widerfährt, ist auch selbstverständlich. Nehmen Sie sich also ein Blatt und einen Stift zur Hand und schreiben Sie all das auf, wofür Sie dankbar sein können. Wichtig ist, dass Sie dabei bei den kleinen Dingen anfangen.

**Beispiele:**

- Heute Morgen habe ich die frische Sommerluft eingeatmet.
- Ich trage eine wunderschöne Strickjacke, die nur mir gehört.
- Vor mir steht ein duftender und wohltuender Kaffee.
- Ich besitze ein sehr weiches und gemütliches Bett.
- Mein Konto ist so gut gedeckt, dass ich mir den ganzen Monat lang gute Nahrungsmittel leisten kann.
- Mein Körper ist so stark und gesund, dass ich jederzeit loslaufen und dahin gehen kann, wohin ich möchte.

Wenn Sie erst einmal damit angefangen haben, werden Sie sehen, dass Ihre Liste schon bald immer länger wird. Dann werden Sie feststellen, was Sie bereits alles haben. Möglicherweise finden Sie diese Liste der Dankbarkeit lächerlich. Wenn das der Fall ist, rate ich Ihnen, sich einmal mit chronisch kranken Menschen oder sehr armen Menschen zu unterhalten. Dann wird sich Ihr Blick darauf sehr wahrscheinlich verändern.

## 7. EIGENER FAN WERDEN

Und schon sind wir bei der siebten Säule angekommen. Mit dem nachfolgenden Text möchte ich Sie dazu anregen, Ihre Selbstliebe zu kultivieren. Sie haben nun bereits ein positives Selbstbild entwickelt, Sie sprechen liebevoll mit sich, Sie gehen auch liebevoll mit sich selbst um und Sie haben sich für die Fülle des Lebens geöffnet. Nun möchte ich Sie dazu einladen, dass Sie lernen, sich ganz bewusst auch über sich selbst zu freuen und sich auch einmal so richtig zu feiern.

Es geht hier nicht darum, sich zur Schau zu stellen, sondern ein inneres Gefühl für sich selbst zu entwickeln. Andere Personen benötigen Sie dafür nämlich überhaupt nicht. Nur Sie selbst sind zu dieser Party eingeladen. Mit diesem Gefühl meine ich einen sehr tiefen inneren Stolz auf sich selbst, eine tiefe Freude und Zufriedenheit. Sie dürfen sich toll finden und JA zu sich selbst sagen, ohne dass Sie das nach außen tragen müssen. Lernen Sie, tief in Ihrem Inneren Freude zu empfinden, wer Sie sind, wie Sie sind und wie Sie allein Ihr Leben gestalten. Dieses Gefühl wird noch weit über die Selbstakzeptanz und die Selbstwertschätzung hinausgehen. Wahrscheinlich wird Ihnen das anfangs noch schwerfallen. Stellen Sie sich doch einmal vor, dass Sie eine unglaubliche Stärke oder Charaktereigenschaft bei einem geliebten Menschen erkennen. Diesem würden Sie natürlich nur das Allerbeste wünschen und alles Glück der Welt gönnen.

Schreiben Sie hierfür doch einmal auf, was genau Sie tun würden. Gewiss würden Sie sich ehrlich für ihn freuen, ihm das auch mitteilen und ihm natürlich auch sagen, dass er stolz auf sich sein kann. Außerdem würden Sie dem besonderen Freund auch zeigen, wodurch er sich mit seiner Stärke von anderen unterscheidet oder wozu er genau diese einsetzen kann.

Nun sollten Sie genau dasselbe auch für sich selbst tun. Fangen Sie damit an, sich Ihre Stärken und Charaktereigenschaften von ganzem Herzen zu gönnen. Lassen Sie hierfür auch den Gedanken zu, dass Sie sich durch diese Stärke von allen anderen Menschen unterscheiden. Sie können sich ganz bewusst über diese Stärken freuen und mit diesen glänzen. Mit anderen Worten gesagt, stärken Sie sich so mit Ihren Stärken, denn diese haben es verdient, nicht länger unterdrückt zu werden. Halten Sie diese nicht länger klein, nur weil Sie befürchten, dadurch arrogant zu wirken oder sich unbeliebt zu machen.

Auch, wenn es Neider gibt, und die gibt es überall auf der Welt, sollten Sie es von nun an zulassen, positiv aufzufallen. Sorgen Sie dafür, dass die Freude über sich selbst und Ihre Stärken noch größer wachsen kann und die Angst vor dem Neid dadurch schrumpft. Sich selbst zu lieben, bedeutet nicht, dass man automatisch besser als andere ist. Selbstliebe bedeutet, dass man anders als andere ist und alle seine Stärken anerkennt. Sie sind wunderbar und andere Menschen auch – jeder auf seine Art und Weise. Jeder Mensch ist auf eine andere Art und Weise einzigartig. Lernen Sie, dass Sie sich auf Ihre Stärken nicht nur verlassen, sondern diese auch zeigen und stolz darauf sein können. Was andere dabei denken, spielt absolut keine Rolle.

# Kapitel 9 Drei Grundsätze und drei Regeln, um Selbstliebe dauerhaft zu leben

An dieser Stelle möchte ich Ihnen drei wichtige Grundsätze ans Herz legen, welche Ihnen dabei helfen, die Selbstliebe weiter zu festigen und dauerhaft aufrechtzuerhalten. Diese Grundsätze sollen Ihnen dabei helfen, Ihr Leben durch tägliche Rituale verändern zu können. Rituale sind einfache und vor allem wunderbare Mittel, mit welchen man ganz wunderbar und ohne große Bemühungen Veränderungen in seinem Leben schaffen kann. Das trifft auch auf unser Denken zu. Diese können besonders wirksam sein, wenn es um die eigene innere Einstellung geht.

Wenn man förderliche Denk- und Verhaltensmuster regelmäßig wiederholt, kann man dadurch automatisch neue Gewohnheiten entwickeln. Diese führen uns dann ohne außergewöhnliche Aktionen zum gewünschten Ziel. Ehe ich Ihnen einige Rituale vorstellen werde, möchte ich, dass Sie sich die folgenden drei Grundsätze genauer ansehen. Diese sind wichtig, damit die Rituale auch zum gewünschten Erfolg führen können.

Als entscheidenden Grund dafür, dass der Erfolg bei manchen Menschen ausbleibt, kann man Folgendes sehen: Neue Rituale werden zwar eingeführt, aber bereits nach kurzer Zeit wieder aufgegeben. Damit Ihnen dies nicht passiert, sollten Sie sich die folgenden drei Grundsätze immer wieder vor Augen halten.

## 9.1 DIE GRUNDSÄTZE

**Grundsatz 1: Höchstens zwei Minuten Zeit am Tag für jedes Ritual**
Man könnte natürlich auch mehr Minuten wählen, doch dann kann es bereits mit der Planung schwierig werden und man führt die Rituale erst gar nicht durch. Je weniger Zeit ein Ritual in Anspruch nimmt, desto eher führt man es auch durch und bleibt am Ball. Auf diese Art und Weise können Sie sicherstellen, dass Sie wirklich jeden Tag durchführbar sind.

Jene Rituale, welche das Denken und die innere Haltung verändern sollen, finden fast immer auf der Ebene der eigenen Gedanken statt. Daher benötigen Sie nicht so viel Zeit. Tatsächlich sind es sehr häufig auch nur wenige Sekunden. Sie müssen also nicht mehr Zeit als nur zwei Minuten am Tag aufbringen. Voraussetzung ist allerdings, dass Sie die Rituale regelmäßig wiederholen.

**Grundsatz 2: Tägliche Durchführung**
Nein, es genügt nicht, das Ritual einmal pro Woche durchzuführen. Ebenso wenig reicht es aus, es mehrmals pro Woche anzuwenden. Tatsächlich ist es wichtig, die Rituale täglich auszuführen. Wer wirklich sein Denken und seine innere Einstellung ändern möchte, muss dies täglich trainieren.

Hierfür empfehle ich Ihnen, sich nur einmal am Tag damit auseinanderzusetzen, sonst wird man es nicht dauerhaft durchhalten, alle drei Rituale täglich auszuführen. Demzufolge ist die Regelmäßigkeit der Schlüssel zum Erfolg. Merken Sie sich: Wiederholen Sie das Ritual einmal pro Tag, und zwar konsequent.

**Grundsatz 3: Neue Rituale mit bestehenden Gewohnheiten verknüpfen**
Überlegen Sie sich im Vorfeld gut, wann die einzelnen Rituale in Ihrem Alltag Platz finden können. Sie sollten das Ritual täglich zur gleichen Zeit

durchführen. Damit meine ich nicht unbedingt eine feste Uhrzeit, sondern dass Sie das Ritual mit einer bestimmten und bereits bestehenden Gewohnheit in Verbindung bringen und somit ohne Probleme in Ihren Tagesablauf integrieren können.

Beispielsweise können Sie ein Ritual morgens beim Zähneputzen durchführen. Es ist auch unter der Dusche möglich oder wenn Sie an der roten Ampel auf dem Weg zur Arbeit stehen, immerhin findet es nur auf der Ebene des eigenen Denkens statt. Dadurch lässt sich das Ritual wunderbar mit anderen Tätigkeiten verknüpfen, die man sowieso automatisch verrichtet und bei denen man nicht nachdenken muss.

Hat man diese drei Grundsätze beachtet, wird man sehr bald feststellen, dass die neuen Rituale zur Gewohnheit werden und man letztlich nicht mehr darüber nachdenken muss. Die Umsetzung dieser wird dadurch auch leichter fallen, auch wenn man nicht viel Zeit hat. Schon nach kurzer Zeit werden Sie Erfolg erzielen, welcher Sie begeistern wird. An dieser Stelle möchte ich Ihnen natürlich auch drei einfache Rituale zur Verfügung stellen.

### Ritual 1: Sich selbst Aufmerksamkeit schenken

Es ist ein einfaches und schnell erklärtes Ritual, welches obendrein noch viel Spaß bringt. Oftmals ist es so, das wir vergessen, wie wichtig wir für andere Menschen sein können, wie viel wir ihnen bedeuten und dass wir deren Leben auch bereichern. Auch dann, wenn diese Menschen es uns zeigen oder sagen, sind wir nicht sicher, ob wir es ihnen auch glauben sollen. Immerhin könnte es sich hier um eine gut gemeinte Höflichkeit handeln.

Tatsache ist aber, dass wir das Leben anderer Menschen und sogar das von Tieren im Lauf unseres Lebens in sehr vielen Situationen bereichern, beeinflussen und inspirieren können. Das gilt im Übrigen auch für flüchtige und kurze Begegnungen. Manchmal erfahren wir das jedoch nie. Nichts kann unser Selbstwertgefühl besser aufbauen, als die Tatsache zu kennen, dass wir selbst für andere wichtig sind.

Von nun an sollten Sie täglich einen Grund in Ihrem Notizbuch niederschreiben, weshalb Sie für einen bestimmten Menschen oder sogar für ein Tier wichtig und einmalig an diesem Tag gewesen sind. Es reicht, einen einzigen Punkt zu notieren. Wichtig ist, dass Sie das von nun an täglich tun.

**Ritual 2: Immunität gegen die Urteile anderer entwickeln**

Wer sich immer mehr selbst annimmt, wird auch zufriedener mit sich selbst sein. Das hat den Vorteil, dass einen das, was andere denken (könnten), nicht länger brennend interessiert. Je weniger das Interesse am Denken der anderen vorhanden ist, desto selbstverständlicher werden Sie zu sich selbst stehen und sich so zeigen, wie Sie tatsächlich sind. Das geschieht dann ohne Scham, ohne auf die Reaktionen anderer zu achten und ohne auf Bestätigung zu hoffen, denn all das brauchen Sie dann nicht länger.

Man tritt selbstsicherer und zufriedener auf, ist mit sich selbst im Reinen und hat ein starkes Selbstwertgefühl und Selbstvertrauen, welches längst nicht mehr so leicht zu erschüttern ist. Demzufolge hat das Urteil anderer Menschen keinen Einfluss mehr auf einen selbst. Es interessiert Sie dann nur noch Ihr eigenes Urteil. Man wird frei und fühlt sich fantastisch.

Wenn Sie das Buch bis hierhin aufmerksam gelesen und die Aufgaben konsequent umgesetzt haben, werden Sie den Zustand der vollkommenen Zufriedenheit sehr schnell erreichen. Sie können aber auch zusätzlich noch etwas tun, um mehr Selbstsicherheit zu erlangen.

Hierfür muss man abermals einen geeigneten Zeitpunkt im Tagesablauf integrieren. Dabei sollten Sie ungestört sein und einen Moment nur für sich allein zum Nachdenken haben. Denken Sie hierbei an eine Situation, in welcher Sie sich in den letzten Tagen von anderen Menschen abgewertet, verurteilt oder abgewiesen gefühlt haben. Es spielt dabei keine Rolle, ob es etwas Kleines oder Größeres war. Wenn Sie hierbei etwas Übung haben, können Sie sich auch ältere Erinnerungen vornehmen, welche Sie stark verletzt haben. Beispiel: Ablehnung durch den eigenen Partner oder die eines Elternteils/Familienmitgliedes.

Dabei sollten Sie sich nicht im Schmerz verlieren, sondern an die Situation zurückdenken. Lenken Sie den Fokus darauf, wie Sie selbst die Situation beurteilen und was Sie in der Hinsicht über sich selbst denken. Man kann auch sagen, dass Sie sich hier eine zweite Meinung einholen, bevor Sie sich verurteilen, nämlich die eigene Meinung. Hinterfragen Sie, ob Sie tatsächlich dumm, hässlich, schlecht oder uninteressant sind.

**Ritual 3: Selbstliebe praktizieren**

Sie haben bereits gelernt, dass es wichtig ist, an den eigenen Schwächen zu arbeiten, wenn man diese ausmerzen möchte. Auch wenn es der Fall ist, dass Sie bereits Selbstliebe aufgebaut haben, werden Sie doch immer wieder von Menschen umgeben sein, welche einem die ihre Erwartung signalisieren. Daher ist es wichtig, dass man ein Ritual zum festen Bestandteil des Tages macht, welches uns dauerhaft helfen kann, das neue, positive und immer noch verletzliche Selbstbild aufrechtzuerhalten. Sie sollen nicht länger in die Falle tappen, die eigenen Fehler zu verstecken und diese ausmerzen zu wollen.

Viel besser ist es, langfristig dabei zu bleiben und sich selbst mit allen Unzulänglichkeiten zu akzeptieren, anzunehmen und zu mögen. Natürlich ist es wichtig, sich ganz bewusst weiterzuentwickeln und als Persönlichkeit zu wachsen. Dennoch wird kein Mensch je fehlerlos sein, auch Sie nicht und ich auch nicht. Wer sich nicht für den Rest seines Lebens bewusst oder unbewusst durch seine Fehler klein machen möchte, muss Selbstakzeptanz lernen. Diese sollte so weit gestärkt werden, dass sie auch bei Widerständen beibehalten wird.

**Hierfür gibt es folgendes Ritual:**
Nehmen Sie sich ein Blatt und einen Stift zur Hand und machen Sie eine Liste mit zwei Spalten fertig. Auf der linken Seite notieren Sie alle Ihre Schwächen. Hier sollten Sie all das aufschreiben, was Sie als eine Schwäche betrachten, was Ihnen peinlich ist, wofür Sie sich schämen, was Sie nicht können, wobei Sie unsicher sind und wofür Sie sich womöglich selbst große Vorwürfe machen. Notieren Sie sich jede Kleinigkeit, die Ihnen in den Sinn kommt.

Am folgenden Tag nehmen Sie sich die Liste wieder vor und überlegen Sie sich anhand eines Punktes, was genau diese Schwäche auch Gutes haben kann. Schreiben Sie das in der zweiten Spalte daneben. **Ein Beispiel**: Auf der linken Spalte steht, dass man immer zu spät ist. In der rechten Spalte wird geschrieben: „Für meine Mitmenschen nehme ich mir sehr viel Zeit und ich lasse mich auf sie ein, auch wenn eigentlich keine Zeit dafür ist. Ich bin stolz, dass ich meine Prioritäten so setze, und auch darauf, dass ich mich selbst nicht unter Zeitdruck setze."

Wenn Sie dann alle Punkte der Liste abgearbeitet haben, wird die Liste verlängert. Schreiben Sie nun in die linke Spalte, was Ihnen noch immer peinlich ist, wofür Sie sich noch immer schämen und selbst verurteilen. Tatsächlich werden auch hier immer noch Dinge übrig bleiben. Nun heißt es, die Liste wieder täglich abzuarbeiten. Immer, wenn Sie fertig sind, wird die Liste verlängert.

Auch für dieses Ritual ist es wichtig, einen festen Zeitpunkt im Tagesablauf zu bestimmen. Bei diesem Ritual muss man etwas nachdenken, wodurch es empfehlenswert ist, eine Situation auszusuchen, in welcher man einige Minuten ungestört sein kann. Sie können sich Ihre Liste zum Beispiel ins Bad legen. Beim Duschen können

Sie dann über die Vorteile Ihrer Schwächen nachdenken und diese anschließend in Sätzen ausformulieren.

## 9.2 DIE REGELN

Selbstliebe kann eine unglaubliche Wirkung haben. Damit dies tatsächlich so sein kann, sind hierfür auch Regeln wichtig. Es gibt drei Regeln, welche Sie unbedingt verinnerlichen sollten.

**1) Sie sind die Priorität Nummer 1 in Ihrem Leben**
Ganz egal, was andere Menschen Ihnen einreden wollen: Sie sollten immer an erster Stelle in Ihrem eigenen Leben stehen. Niemand kann etwas geben, was er selbst gar nicht hat. Damit meine ich natürlich nicht nur Geld. Niemand hat das Recht, Ihnen einzureden, dass Sie egoistisch wären. Man kann und sollte nur für andere da sein, wenn es einem selbst tatsächlich gutgeht.

**2) Helfen sollten Sie nur, wenn Sie es wirklich möchten, und nicht, weil es ein anderer verlangt**
Wie bereits in Regel Nummer 1 erwähnt, sollte man anderen Menschen nur dann helfen, wenn es einem selbst auch gutgeht und man sich in der Lage fühlt, anderen zu helfen. Niemand sollte einem anderen Menschen helfen, nur, weil dieser es will. Wie sagt man so schön: „Das Leben ist kein Ponyhof", oder „Das Leben ist kein Wunschkonzert." Sie sollten sich also immer gut überlegen, ob Sie tatsächlich genügend Energie haben, um sich mit den Sorgen anderer zu befassen und zu helfen.

**3) Bauen Sie sich jeden Tag innerlich auf**
Unsere innere Stimme wird jeden Tag versuchen, uns schlechtzureden, damit wir das auch glauben. Doch hier sollte man unbedingt lernen, Nein und Stopp zu sagen. Bringen Sie Ihre innere Stimme zum Schweigen bzw.

sorgen Sie dafür, dass Sie gut mit Ihnen umgeht. Sprechen Sie morgens vor dem Spiegel mit Ihrem Spiegelbild und sagen Sie sich folgende Sätze:

- „Ich habe mich unglaublich lieb, weil ..."
- „Ich bin besonders, weil ..."

Auch, wenn sich das kitschig anhört, so hat das tatsächlich eine starke und vor allem positive Wirkung auf unsere innere Stimme.

**Wichtig**: Je öfter man diese drei Regeln bewusst in den Alltag integriert, desto besser kann man diese verinnerlichen.

**Merken Sie sich**: Der Schlüssel für ein glückliches Leben ist die Selbstliebe!

# Kapitel 10 Weitere Rituale und Übungen

Ihr theoretisches Wissen über die Selbstliebe sollte nach den letzten Kapiteln gestärkt sein. Jetzt geht es darum, dass ich Ihnen auch für die Praxis einige Tipps mit auf den Weg gebe. Daher widmet sich dieses Kapitel zahlreichen Ritualen und Übungen, welche Sie ganz einfach in Ihren Tagesablauf integrieren können. An dieser Stelle bleibt mir nichts anderes übrig, als Ihnen viel Freude beim Ausprobieren und jede Menge Erfolg zu wünschen. Sie sind auf einem guten Weg und ich hoffe, dass Sie die Reise zur Selbstliebe genauso erfolgreich in der Praxis umsetzen können, wie Sie es bereits auf dem theoretischen Weg getan haben.

## 1) DIE INNERE STIMME WIRD ZUM COACH

Sie sollten sich jeden Tag mindestens zehn Minuten Zeit nehmen und in sich hinein lauschen. Hören Sie auf Ihre innere Stimme und achten Sie darauf, was diese Ihnen mitteilen möchte. Die innere Stimme kann auch als Coach betrachtet werden, mit welchem man das hemmende und zerstörerische Feedback stoppen kann. Sie flüstert nämlich nicht nur negative Sachen, sondern auch lobende und positive Dinge. Hören Sie genau hin, was Ihnen diese zu sagen hat. Sie können sich dazu auch Notizen machen.

## 2) ABENTEUERLUST

All unsere Gefühle hinterlassen Spuren in unserem Gehirn. Dass wir diese Erkenntnis haben, verdanken wir Hightech-Geräten, die ganz genau aufzeigen, welche Areale bei Freude, Angst oder Trauer aktiviert werden. Dank dieser Geräte wissen wir heute auch, dass sämtliche

Mutproben für neue Verknüpfungen unserer Nervenzellen sorgen. Es spielt hier keine Rolle, ob es sich dabei um Reden handelt, welche man halten muss, oder um eine Reise in ein vollkommen fremdes Land.

Zudem lässt sich festhalten, dass sich immer mehr Hirnsynapsen bilden, je mehr Mutproben sich ein Mensch stellt. Demzufolge ist auch die Datenmenge umso größer, auf welche man in Krisensituationen zurückgreifen kann. Übrigens werden durch diese Mutproben auch zahlreiche Glückshormone freigesetzt. Die sogenannten „Ich-starken Menschen" habe eine regelrechte Sucht nach diesen positiven Kicks entwickelt. Immer wieder verlassen sie ihre eigene Komfortzone, um sich neuen Herausforderungen zu stellen. Versuchen auch Sie, sich regelmäßig neuen Mutproben zu stellen. Dabei können Sie klein anfangen, denn bereits kleine Erfolge sind wichtig, um die Selbstliebe zu entwickeln und zu stärken.

## 3) SELBSTRESPEKT IST WICHTIG

Jeder Mensch hat etwas, dass er keineswegs für liebenswert hält. Sind wir allerdings auf bestimmte Teile wirklich wütend, setzt der Missbrauch ein. Möglicherweise wird dann zu Alkohol oder Zigaretten, Drogen oder übermäßigem Essen gegriffen. Hier ist es wichtig, dass man begreift, dass dies Zerstörer sind. Diese sind keineswegs hilfreich. Sie müssen lernen, diese zu stoppen. Um Ihre negativen Glaubenssätze zu durchbrechen und auszulöschen, kann Ihnen folgender Satz hierbei helfen: „So, wie ich bin, liebe und akzeptiere ich mich!

## 4) DER SPIEGEL DER ZAUBEREI

Sie schauen in den Spiegel, doch das, was Sie darin sehen, gefällt Ihnen nicht. An dieser Stelle kann ich Sie beruhigen, denn das geht tatsächlich vielen Menschen so. Louise L. Hay hat dafür eine positive Affirmation, welche auch ihr geholfen hat, ihre negativen Glaubenssätze aufzulösen. Diese möchte ich auch an Sie weitergeben. Wichtig ist, dass Sie diese mindestens 50-mal am Tag wiederholen. Nur auf diesem Weg kann sie ihre Wirkung tatsächlich entfalten. „Ich nehme mir die Zeit, zu lernen, wie mein Körper funktioniert und welche Nahrung er benötigt, um optimal gesund zu sein. Je mehr ich meinen Körper liebe, desto gesünder fühle ich mich." Mit der Zeit werden Sie weniger negativ von Ihrem Spiegelbild denken.

## 5) MACHEN SIE PAUSE

Beschäftigen Sie sich jeden Tag mit dem Gedanken, wie viele Pausen Sie am Tag einlegen wollen. Jeder Mensch braucht Pausen, um innehalten zu können, etwas zu genießen und vor allem um Kraft zu tanken. Die Zeit dafür kann unterschiedlich ausfallen. Es ist wichtig, dass Sie Ihre Aufgaben und Termine genau kennen, um genügend Pausen in Ihren Alltag zu integrieren.

## 6) DIE DANKBARKEIT SPENDET KRAFT

Auch, wenn Dankbarkeit an sich nur ein einzelnes Wort ist, so ist sie gleichzeitig auch eine intensive Form für das positive Bewusstsein und die Quelle von Lebensfreude. Wer dankbar ist, sieht nichts als selbstverständlich an. „Menschen, die mit dem Schicksal hadern, richten ihre Aufmerksamkeit auf das, was sie unzufrieden macht. Die Glücklichen hingegen haben ihren Blick trainiert für die Dinge, die erfreulich sind", sagte der Wissenschaftler Mihaly Csikszentmihalyi. All seine Testpersonen waren grundsätzlich glückliche Menschen, da sie dankbar waren.

Man kann die Dankbarkeit also auch als Glückshormone betrachten. Nehmen Sie sich also jeden Tag mindestens eine Minute lang Zeit und führen Sie sich all das vor Augen, wofür Sie dankbar sind. Hierfür kann man sich auch ein Dankbarkeitstagebuch anlegen, in welches man jeden Tag schreibt. Zudem können Sie auch all das noch einmal lesen, wofür Sie an vergangenen Tagen dankbar waren. Dadurch verspüren auch Sie schon bald viel mehr Lebensfreude.

## 7) EHRLICHKEIT IST WICHTIG FÜR DIE SELBSTLIEBE

Egal, vor welchen Anforderungen wir stehen, wir sollten zunächst immer erst einmal innehalten und uns fragen, ob wir das wirklich wollen und ob man tatsächlich die einzige Person ist, welche genau dafür infrage kommt. Erst, wenn man diese Fragen ehrlich beantworten konnte und für sich selbst geklärt hat, sollte man tatsächlich handeln. Dadurch erspart man sich Verpflichtungen, welche einen einengen könnten und zu faulen Kompromissen zwingen. Wer ehrlich mit sich selbst umgeht, der begegnet sich mit jeder Menge Selbstliebe.

## 8) VERGLEICHE BRINGEN NICHTS

Tatsächlich schaden Sie sich mit ewigen Vergleichen nur selbst. Daher rate ich Ihnen, damit sofort aufzuhören. Lernen Sie, sich genauso zu akzeptieren, wie Sie sind, denn so sind Sie einzigartig und wunderbar.

## 9) FEHLER SIND ZUM LERNEN DA

Jeder Mensch kann, darf und sollte Fehler machen. Diese gilt es, ebenfalls zu akzeptieren. Auch, wenn es in diesem Moment kein gutes Gefühl hervorbringt, so sind Fehler doch auch sehr wichtig, denn aus ihnen kann man jede Menge lernen. Trauen Sie sich und probieren Sie immer wieder neue Dinge aus. Somit bleiben Sie nicht auf der Stelle stehen.

## 10) POSITIV DENKEN

Diese Übung können und sollten Sie jeden Tag integrieren. Denken Sie an mindestens drei positive Dinge und sagen Sie diese zu sich selbst oder schreiben Sie sie auf. Sie können diese auch sichtbar irgendwo aufhängen und sie sich immer wieder durchzulesen. Sie werden sehen, dass Sie auf diesem Weg Ihr Denken ebenfalls sehr schnell verändern können.

## 11) KOMPLIMENTE EINSETZEN

Gewiss haben Sie jeden Tag auch etwas mit anderen Menschen zu tun. Loben Sie diese für deren gute Taten. Wichtig ist, dass Sie dabei vollkommen ehrlich sind. Lassen Sie den Gedanken zu, dass auch andere Menschen etwas ganz toll können. Vergleiche und Rivalitätsgedanken sind fehl am Platz. Wer anderen ein Kompliment macht, der wird durch deren Freude und Lächeln großzügig belohnt, was für jede Menge positive Bestärkungen sorgt.

## 12) NEHMEN SIE SICH SELBST NICHT SO ERNST

Jedem kann auch einmal etwas Peinliches passieren, auch Ihnen. Verurteilen Sie sich dafür nicht selbst, sondern nehmen Sie das mit Humor. Sie werden sehen, dass Sie sich dadurch weniger schlecht fühlen.

## 13) SETZEN SIE SICH ZIELE

Nehmen Sie sich einmal ein Blatt und einen Stift zur Hand und planen Sie für diese Übung etwas Zeit ein. Überlegen Sie nun, wo genau Sie sich in drei Monaten oder in zwei Jahren sehen wollen. Hinterfragen Sie, wie Sie sein möchten, können, wollen und was Sie ausmachen soll. Anschließend lesen Sie alles noch einmal durch und markieren Sie drei

Dinge, welche Sie wirklich wollen. Setzen Sie sich ein realistisches Datum und beginnen Sie, an sich zu arbeiten, um Ihre Ziele zum genannten Zeitpunkt zu erreichen.

## 14) DIE KÖRPERLICHEN BEDÜRFNISSE AN ERSTE STELLE SETZEN

Egal, welche Bedürfnisse Sie noch haben, es ist immer wichtig, erst einmal die körperlichen Bedürfnisse zu befriedigen. Dadurch können Sie sogar Ihr ganzes Leben verändern. Die Befriedigung der körperlichen Bedürfnisse schenkt einem Kraft und jede Menge Energie, um an den eigenen Zielen zu arbeiten. Zudem fördert das auch die Kreativität.

## 15) SICH SELBST BELOHNEN UND FEIERN

Wenn Sie etwas gut gemacht haben, sollten Sie sich darüber auch freuen und all Ihre Erfolge dürfen sogar belohnen. Gönnen Sie sich etwas Schönes und feiern Sie.

## 16) ANDERE RESPEKTIEREN

Man muss nicht immer seine Meinung preisgeben. Das gilt auch dann, wenn einem etwas an anderen nicht gefällt. Wenn Sie eher ein schüchterner Mensch sind und sich daher eher in Gedanken über etwas aufregen, so verpassen Sie Ihrer inneren Stimme einen Dämpfer. Jeder Mensch muss selbst wissen, was für ihn gut ist und was ihm gefällt. Nur, weil Sie Ihre Meinung kundtun, wird es bei anderen noch lange nicht das Gegenteil bewirken.

## 17) STÄNDIGES ENTSCHULDIGEN BRINGT NICHTS

Natürlich ist es angebracht, sich bei anderen zu entschuldigen, wenn man etwas richtig Doofes gemacht hat, jedoch sollte man es nicht übertreiben und sich für jede Kleinigkeit tausendmal entschuldigen. Erst recht sollten Sie keine Entschuldigungen für Ihren eigenen Charakter oder Ihr Wesen finden. Sie sind genauso gut, wie Sie sind.

## 18) NEIN SAGEN LERNEN

Viel zu schnell sagen wir zur irgendwelchen Dingen ja. Oftmals auch zu all dem, was uns nicht gefällt und auch nicht guttut. Das bringt uns jedoch nicht weiter. Lernen Sie also auch einmal, Nein zu sagen. Das können Sie vor dem Spiegel oder mit einem guten Freund sehr gut üben.

## 19) JA SAGEN LERNEN

Die eigene Komfortzone ist natürlich etwas Wunderbares. Dort fühlt man sich wohl und geborgen. Doch wenn man nur in dieser verharrt, kann es schnell langweilig werden. Sagen Sie auch mal zu neuen Dingen ja und verlassen Sie Ihre Komfortzone. Mit anderen Worten: Sagen Sie ja zum Leben und auch zu der Liebe.

## 20) UNKONTROLLIERBARE DINGE LOSLASSEN

Manche Dinge sind toll. Andere wiederum nicht. Wiederum andere sind okay und manches kann sogar nervig sein. Vor allem die nervigen Dinge sollten Sie, soweit es geht, reduzieren. Wenn Sie etwas nicht ändern können, ist es an der Zeit, sich davon zu verabschieden und einfach loszulassen. Drama und Negativität tun niemandem gut. Lernen Sie also, sich davon fernzuhalten, auch wenn das bedeutet, zu gewissen Menschen den Kontakt abbrechen zu müssen.

## 21) NACHSICHTIGKEIT

Dies gilt gleichermaßen für Sie selbst, aber auch für andere. Manche Dinge klappen nicht gleich beim ersten Mal oder so, wie man es sich eigentlich vorgestellt hat. Freuen Sie sich darüber, dass Sie es versucht haben, und arbeiten Sie daran, es beim nächsten Mal noch ein bisschen besser zu machen.

## 22) ACHTSAMKEIT

Achten Sie auf Ihre Gefühle. Achten Sie auf Ihren Körper. Achten Sie auf Ihre Mitmenschen. Achten Sie auf die Gefühle der Mitmenschen, besonders dann, wenn sie Ihnen etwas bedeuten.

## 23) MIT ANDEREN MENSCHEN ZEIT VERBRINGEN

Es hat noch niemanden etwas gebracht, sich zu Hause einzuigeln. Das bringt nichts anderes als Isolation und Langeweile. Gehen Sie hinaus in die Welt, treffen Sie sich mit Menschen, die Ihnen wichtig sind, oder knüpfen Sie neue Kontakte.

## 24) SPRECHEN SIE NICHT SCHLECHT ÜBER SICH SELBST

So, wie Sie sind, sind Sie gut. Natürlich wird es immer wieder Dinge geben, die man verbessern kann oder noch lernen möchte. Jedoch sollten Sie sich nicht verachten, sondern sich so akzeptieren, wie Sie in diesem Moment sind. Wenn Ihnen das gelingt, können Sie erkennen, wo und wie Sie sich noch verbessern können.

## 25) DIE WORTE SORGFÄLTIG WÄHLEN

Manche Wörter richten tatsächlich mehr Schaden als Nutzen an. Daher sollten Sie genau darauf achten, welche Wörter Sie benutzen. Verallgemeinern Sie nichts, wenn Sie über sich sprechen. Gehen Sie offen und ehrlich mit Ihren Gefühlen und Gedanken um. Das können Sie wunderbar vor einem Spiegel trainieren.

## 26) EHRLICHKEIT

Kein Mensch muss stets und ständig seine eigenen Gedanken äußern. Doch wenn man etwas sagt, so sollte das auch so gemeint sein. Erfinden Sie nichts dazu, sondern seien Sie von Grund auf ehrlich.

## 27) DIE EIGENEN SCHWÄCHEN KENNEN

Man sollte Sie nicht nur kennen, sondern auch akzeptieren. Nur so kann man an ihnen arbeiten und auch etwas dazulernen. Schwächen gehören genauso zu Ihnen wie die Stärken. Durch unsere Schwächen werden wir erst zu einem Unikat. Schreiben Sie sich diese auf. Sie können auch vertraute Personen befragen, da diese noch einmal einen anderen Blick darauf haben.

## 28) DIE EIGENEN STÄRKEN KENNEN

Dazu gehört auch, dass man lernt, diese einzusetzen. So wie auch Schwächen hat jeder Mensch Stärken. Probieren Sie sich aus, um Ihre eigenen Stärken herauszufinden. Notieren Sie sich all das, worin Sie Ihre Stärken sehen. Hierfür können Sie auch andere Menschen befragen.

## 29) 80 % GEBEN

Hundert Prozent bedeutet Perfektion. Davon können Sie sich allerdings verabschieden, denn niemand kann immer und überall perfekt sein. Weniger ist manchmal mehr. Wenn Sie das verstehen, können Sie produktiver werden und mehr erreichen, da Sie sich dann nicht mehr selbst im Weg stehen.

## 30) MIT SELBSTLIEBE AUFWACHEN

Sobald Sie aufgewacht sind, sollten Sie noch eine Weile mit geschlossenen Augen liegen bleiben. Dabei sagen Sie Folgendes zu sich: „Ich freue mich auf diesen neuen wunderbaren Tag. Ich freue mich, dass ich ausgeschlafen bin. Ich freue mich darüber, dass es meinem Körper gutgeht. Das Gefühl, welches ich in diesem Moment habe, liebe ich. Ich bin dankbar, dass es mir gutgeht.“ Natürlich können Sie diesen Satz auch abwandeln, sodass er hervorragend zu Ihnen passt.Diese Übung erzielt folgenden Effekt: Direkt beim Aufstehen fühlt man sich voller Energie und Lebensglück. Am besten probieren Sie es direkt morgen früh aus.

## 31) DAS KLEINE WELLNESS-VERWÖHNPROGRAMM

Hierbei können Sie all die Dinge tun, welche Ihnen gefallen und Ihrem Körper guttun. Sie können sich ganz bewusst eincremen und dabei beispielsweise die einzelnen Finger massieren. Lassen Sie sich dafür Zeit, genießen Sie die zärtlichen Berührungen und entspannen Sie sich dabei. Mit dieser Übung geben Sie Ihrer Haut nicht nur die wichtige Feuchtigkeit, sondern Sie kümmern sich auch ganz bewusst um Ihre äußerliche Verfassung.

Es ist wichtig, dass Sie sich dafür wirklich Zeit nehmen und nicht hindurch hetzen. Sie können hin und wieder auch Ihrem Körper danken, dass er täglich so wunderbar funktioniert und Ihnen gute Dienste leistet.

## 32) VERBANNEN SIE DIE INNEREN KRITIKER

Für diese Übung braucht es etwas Training. Immerhin können Kritiker manchmal ganz schön hartnäckig sein. Wenn Sie sich dabei ertappen, dass Sie einen abwertenden Gedanken haben, sollten Sie umgehend zu sich selbst Stopp sagen. Machen Sie diesen Kritikern klar, dass Sie der Hausherr sind und somit auch das Sagen haben. Sie bestimmen, wo es langgeht. Anschließend schalten Sie wieder auf Ihre positive Lebensweise um. Genießen Sie all die Dinge, welche für Sie gut sind.

## 33) NEHMEN SIE SICH ZEIT FÜR SICH SELBST

Unser Alltag ist stressig und vollgepackt mit zahlreichen Terminen. Dabei vergessen wir uns oft selbst. Planen Sie in Ihren Tagesablauf ganz bewusst Zeiten für sich selbst ein, in denen Sie sich einzig und allein um sich kümmern.

## 34) GÖNNEN SIE SICH ETWAS

Sich etwas zu gönnen, ist genauso wichtig, wie sich bewusst Zeit zu nehmen. Gehen Sie in die Sauna, lesen Sie ein Buch, machen Sie es sich auf der Couch gemütlich. Seien Sie kreativ und machen Sie das, was Ihnen richtig guttut.

## 35) VERZEIHEN SIE SICH SELBST

Wenn Sie bereits erkannt haben, dass Sie nicht gut zu sich selbst waren, sollten Sie sich dafür nicht verurteilen. Es ist effektiver, wenn man sich selbst verzeiht. Fangen Sie also gleich damit an.

## 36) HÄUFIGER LÄCHELN

Ob morgens vor dem Spiegel, auf der Arbeit oder bei Kontakt mit anderen Menschen: Fangen Sie noch heute damit an, häufiger zu lächeln. Lächeln Sie bewusst, dann bemerken Sie auch, wie sich Ihr Gemüt verändert, nämlich zum Positiven.

## 37) STOLZ AUF SICH SELBST SEIN

Egal, wie groß die Erfolge auch sind, jeder Einzelne zählt. Auch, wenn mal etwas nicht so funktioniert, wie Sie es gern möchten, sollten Sie dennoch stolz auf sich sein. Immerhin haben Sie sich an die neue Herausforderung gewagt und nicht aufgegeben.

## 38) MACHEN SIE SICH FREI

Sie werden immer wieder Menschen begegnen, welche Sie böse angucken, Ihnen gegenüber dumme Kommentare äußern oder Sie anderweitig negativ zu beeinflussen versuchen. Bleiben Sie stark und machen Sie sich frei von der Angst. Oftmals sind die Dinge in unserem Kopf schlimmer als in der Realität. Legen Sie die Vorurteile ab. Sagen Sie sich innerlich, dass Sie dankbar für die Begegnung sind, denn auch daran können Sie wachsen.

## 39) SCHLAFHYGIENE

Guter und vor allem ausreichender Schlaf ist sehr wichtig, damit wir unseren Alltag gut meistern können. Wer gut und ausreichend schläft, versorgt seinen Körper mit Energie und sorgt dafür, dass er nicht so schnell gereizt ist. Gönnen Sie sich acht Stunden Schlaf in der Nacht. Sie sind es wert, dass Sie erholt in den nächsten Tag starten können. Vor dem Zubettgehen sollten Sie das Handy oder andere Bildschirmgeräte meiden, da diese dafür sorgen, dass man nicht zur Ruhe findet. Sie können die Handyzeit durch Lesezeit ersetzen oder zum Meditieren nutzen. Wenn Sie das Dankbarkeitstagebuch ausprobieren möchten, ist die Zeit vor dem Schlafengehen wunderbar dafür geeignet.

## 40) VERBINDUNG MIT DER NATUR

Eine besonders beruhigende Wirkung üben Wälder, Meere oder Seen auf uns aus. Die Natur erinnert uns immer wieder daran, was wirklich wichtig ist. Gehen Sie hinaus in die Natur und genießen Sie deren zahlreiche Farben, Gerüche und Geräusche. Gehen Sie dabei ganz bewusst vor, dann können Sie auch spüren, wie sich Ihr Stresspegel verringert und sich Ihre Energiereserven auftanken.

## 41) ACHTSAM ERNÄHREN

Finden Sie heraus, ob Ihnen die täglichen Lebensmittel wirklich guttun. Nehmen Sie sich ganz bewusst zum Kochen und Essen Zeit. So können Sie sich und Ihren Körper noch besser verstehen und lieben lernen. Auch Ihr Körper verdient es, dass Sie ihn mit den besten Nährstoffen versorgen.

## 42) SELBSTMASSAGE

Es ist natürlich schön, wenn man das Verwöhnprogramm in einem Spa in Anspruch nehmen kann, aber Massagen sind auch im kleinen Rahmen möglich. Schauen Sie doch einmal im Internet nach verschiedenen Massage-Techniken, welche Sie bei sich anwenden können. Handmassage, Nackenmassage oder Kopfmassagen, Sie werden für alles etwas finden. Nehmen Sie sich dann bewusst einige Minuten Zeit und verwöhnen Sie sich. Hierfür können Sie auch duftende Massageöle, Kerzen und beruhigende Musik nutzen.

# Kapitel 11: 30-Tage-Plan Selbstliebe

Ich gratuliere Ihnen! Sie haben sich durch unzählige Kapitel mit hauptsächlich theoretischem Wissen gekämpft. Damit sich die Übungen auszahlen und auch die Mühe, alle Kapitel zu lesen, habe ich exklusiv für Sie einen 30-Tage-Plan für mehr Selbstliebe erstellt.

Die Aufgaben der einzelnen Tage sind kurz und kompakt, sodass Sie sich nicht erst ewig einlesen, sondern alles direkt anwenden können. Ich wünsche Ihnen maximale Erfolge dabei, die Selbstliebe im Alltag aktiv auszuleben.

❖**Tag 1:** Heute ist es Zeit für das persönliche Lieblingsoutfit. Ziehen Sie die Kleidung an, welche Sie am liebsten mögen.

❖**Tag 2:** Schauen Sie sich eine Dokumentation Ihrer Wahl an.

❖**Tag 3:** Nichts lässt einen den Tag entspannter beginnen als eine Meditation.

❖**Tag 4:** Ein Spaziergang vertreibt Kummer und Sorgen. Gehen Sie im Lauf des Tages 30 Minuten lang spazieren.

❖**Tag 5:** Besuchen Sie den nächsten Blumenladen und schenken Sie sich einmal selbst Blumen.

❖**Tag 6:** Schreiben Sie am Abend die besonderen Ereignisse des Tages auf.

❖**Tag 7:** Ausreichender Schlaf ist wichtig für die Gesundheit. Gehen Sie daher heute einmal früher ins Bett.

❖**Tag 8:** Schauen Sie auf Ihre To-do-Liste. Sicher lässt sich dort etwas finden, das schon längst erledigt werden wollte. Nehmen Sie genau das heute in Angriff.

❖**Tag 9:** Schreiben Sie zehn Dinge auf, welche Sie an sich besonders gern mögen.

❖**Tag 10:** Heute ist es Zeit, sich um Ihre seelische Gesundheit zu kümmern.

❖**Tag 11:** Schreiben Sie sich eine Bucket-Liste.

❖**Tag 12:** Einmal ausmisten bitte. Suchen Sie sich ein Zimmer in Ihrem Haus/Wohnung aus und entsorgen Sie fünf Dinge, die Sie längst nicht mehr benötigen.

❖**Tag 13:** Trinken ist wichtig für den Körper. Trinken Sie daher heute 2,5 Liter Wasser.

❖**Tag 14:** Gönnen Sie sich ein schönes Frühstück und nehmen Sie sich dafür ausreichend Zeit.

❖**Tag 15:** Hören Sie sich einen Podcast Ihrer Wahl an.

❖**Tag 16:** Wenn alles immer gleich bleibt, kann das schnell langweilig werden. Dekorieren Sie daher einmal Ihre Wohnung neu.

❖**Tag 17:** Gehen Sie in ein neues Restaurant und lassen Sie sich überraschen, was es zu bieten hat.

❖**Tag 18:** Fotos wecken Erinnerungen. Suchen Sie sich Ihre 30 schönsten Fotos aus und hängen Sie diese sichtbar auf.

❖**Tag 19:** Ein gutes Buch sorgt für Entspannung. Nehmen Sie sich daher heute einmal ausreichend Zeit, um in andere Welten einzutauchen.

❖**Tag 20:** Gespräche mit lieben Menschen sind etwas Wundervolles. Rufen Sie heute jemanden an, mit dem Sie schon länger nicht mehr gesprochen haben.

❖**Tag 21:** Was haben Sie noch nie gemacht? Überlegen Sie sich etwas und machen Sie es einfach.

❖**Tag 22:** Das Handy zieht uns immer wieder in seinen Bann. Schalten Sie dieses heute den ganzen Tag aus.

❖**Tag 23:** Heute ist Zeit für einen Self-Care-Tag.

❖**Tag 24:** Freunde sind wichtig. Treffen Sie sich heute mit einem oder mehreren guten Freunden.

❖**Tag 25:** Jeder hat ein Lieblingsessen. Gönnen Sie sich heute einmal Ihres und genießen Sie es.

❖**Tag 26:** Unsere Haut macht jeden Tag sehr vieles mit. Heute darf diese mit nachhaltigen Beauty-Produkten verwöhnt werden.

❖**Tag 27:** Zucker ist ungesund. Verzichten Sie heute den ganzen Tag auf Industrie-Zucker.

❖**Tag 28:** Suchen Sie sich ein schönes, ruhiges Plätzchen und schauen Sie sich den Sonnenuntergang an.

❖**Tag 29:** Machen Sie Ihr Wohnzimmer zur Disco, schalten Sie Ihre Lieblingsmusik an und tanzen Sie dazu.

❖**Tag 30:** Yoga entspannt Körper und Geist. Heute ist es Zeit für 15 bis 30 Minuten Yoga.

Ihnen hat der 30-Tage-Plan gefallen? Sie haben hin und wieder mit einer Übung gehadert und sich an dieser Stelle etwas anderes gewünscht? Kein Problem. Sie können sich einen solchen Plan für die Zukunft auch ganz einfach selbst erstellen. Nutzen Sie diesen Plan als Anregung und werden Sie kreativ. Diese Challenge kann man immer wieder integrieren und sich somit jede Menge Selbstliebe zukommen lassen, gerade, wenn man schwierige Phasen im Leben durchstehen muss.

# Schlusswort

Ich hoffe, dass ich Sie mit meinem kleinen Ratgeber zur Selbstliebe auf Ihrer Reise ein Stück weit unterstützen konnte. Sie wissen nun alles über die sieben Säulen, welche für die Selbstliebe sehr wichtig sind, warum die Selbstliebe so wichtig für Sie als Person, aber auch für Beziehungen ist und weshalb es oftmals so schwerfällt, Selbstliebe tatsächlich zu leben. Mit all dem Wissen können Sie Ihr Leben von nun an umkrempeln und endlich persönliches Glück und Zufriedenheit finden.

Ich wünsche Ihnen von Herzen, dass Sie mit diesem Wissen einen liebevollen Blick auf sich selbst entwickeln und diesen auch für den Rest Ihres Lebens beibehalten können. Sie verdienen es. Sie sind es wert, denn Sie sind wunderbar und einzigartig.

Dieser Ratgeber sollte nicht nur wichtiges Grundwissen vermitteln, sondern auch durch zahlreiche Übungen und Rituale eine einzigartige Basis für die praktische Anwendung bieten. Besonders die praktischen Kapitel sollen Ihnen dabei helfen, wieder liebevoll mit sich selbst umgehen zu können, Ihnen aufzeigen, wie Sie Ihr Leben und den Alltag so strukturieren, dass immer für Ihr Wohlbefinden und Ihre Gesundheit sowie die innere Ruhe gesorgt ist. Nur so können Sie bei sich selbst ankommen und Ihre Fähigkeit zur Selbstliebe immer weiter ausbauen.

Ich hoffe, dass Ihnen mein Ratgeber als Inspiration für ein neues Leben voller Selbstliebe dienen konnte. Zögern Sie nicht und beginnen Sie ein neues Leben mit positiven Glaubenssätzen, innerer Zufriedenheit, Ruhe, Ausgeglichenheit, Gelassenheit und jeder Menge Selbstliebe. Geben Sie Ihrem Selbst und Ihrem Herzen von nun an das nötige Leuchten und machen Sie sich zu Ihrer eigenen Priorität. Wenn Ihnen das gelingt, werden Ihnen zahlreiche Wunder im Leben begegnen. Bleiben Sie bei sich selbst und beginnen Sie von nun an zu strahlen. So können Sie auch den lieben Menschen aus Ihrem persönlichen Umfeld dabei helfen, ihr eigenes Leuchten wiederzufinden.

Abschließend möchte ich Ihnen Danke sagen, dass Sie sich für meinen Ratgeber entschieden haben. Ich hoffe, dass Sie Ihr Leuchten wiederfinden und auf Ihrer Reise zahlreiche positive Ereignisse auf Sie warten werden. Für die Zukunft wünsche ich Ihnen alles Gute und dass Sie all die Liebe und auch die anderen Geschenke für sich entdecken, welche das Universum für Sie bereithält.

# Quellen

https://www.mylife.de/psychologie/selbstliebe/

https://de.wikipedia.org/wiki/Selbstliebe

https://greator.com/selbstliebe-lernen/

https://mymonk.de/mit-selbstliebe/

https://www.psychotipps.com/selbstliebe-lernen.html

https://laufvernarrt.de/selbstliebe-guide/

https://www.selbstbewusstsein-staerken.net/selbstliebe/

https://www.spiritwissen.de/selbstliebe/1%3A-ursachen-f%FCr-den-mangel-an-selbstliebe

https://www.brigitte.de/liebe/persoenlichkeit/psychologie--warum-es-uns-so-schwer-faellt--uns-selbst-zu-lieben-10218702.html

https://www.freundin.de/lifestyle-7-selbstliebe-rituale-jeden-tag

Wir danken Dir für Dein Interesse und Dein Vertrauen. Als Dankeschön dafür, haben wir eine besondere Überraschung. Du möchtest selbstbewusster sein und wahre Selbstliebe leben? Dann haben wir das Richtige für dich. Entdecke deinen persönlichen Selbstliebe und Selbstbewusstseins Coach. Das Beste: Sie erhalten diese vollkommen kostenlos. Das klingt wunderbar? Dann warten Sie nicht lange und holen Sie sich Ihr Gratis-Geschenk.

## Hier geht es zu Ihrem Gratis-Geschenk:

https://forms.gle/sGXGTwmR8dUW5UyJA

1. **Öffnen Sie die Kamera-App auf Ihrem Smartphone und richten Sie die Kamera auf den QR-Code.**
2. **Klicken Sie auf den Link, der Ihnen angezeigt wird und schon werden Sie zur Website weitergeleitet.**

# Impressum

Herausgeber: Orbita Media Verlag GmbH & Co. KG / Ericusspitze 4 / 20457 Hamburg
Kontakt: kontakt@empireofbooks.de
Website: https://empireofbooks.de
Coverbild: Shutterstock

**Haftungsausschluss:**
Die Nutzung dieses Buches und die Umsetzung der enthaltenen Informationen, Anleitungen und Strategien erfolgt auf eigenes Risiko. Der Autor kann für etwaige Schäden jeglicher Art aus keinem Rechtsgrund eine Haftung übernehmen. Haftungsansprüche gegen den Autor für Schäden materieller oder ideeller Art, die durch die Nutzung oder Nichtnutzung der Informationen bzw. durch die Nutzung fehlerhafter und/oder unvollständiger Informationen verursacht wurden, sind grundsätzlich ausgeschlossen. Rechts- und Schadenersatzansprüche sind daher ausgeschlossen. Dieses Werk wurde sorgfältig erarbeitet und niedergeschrieben. Der Autor übernimmt jedoch keinerlei Gewähr für die Aktualität, Vollständigkeit und Qualität der Informationen. Druckfehler und Falschinformationen können nicht vollständig ausgeschlossen werden. Es kann keine juristische Verantwortung sowie Haftung in irgendeiner Form für fehlerhafte Angaben vom Autor übernommen werden. Die bereitgestellten Analysen, Vorschläge, Ideen, Meinungen, Kommentare und Texte sind ausschließlich zur Information bestimmt und können ein individuelles Beratungsgespräch nicht ersetzen. Alle Informationen dieses Buches entsprechen dem Kenntnisstand zum Zeitpunkt des Verfassens dieses Buches. Eine Haftung für mittelbare und unmittelbare Folgen aus den Informationen dieses Buches ist somit ausgeschlossen.
Informieren Sie sich weitläufig aus unterschiedlichen Quellen und bedenken Sie, dass am Ende nur Sie für die Entscheidungen verantwortlich sind.



**Haftung für externe Links:**
Unser Angebot enthält Links zu externen Websites Dritter, auf deren Inhalte wir keinen Einfluss haben. Deshalb können wir für diese fremden Inhalte auch keine Gewähr übernehmen. Für die Inhalte der verlinkten Seiten ist stets der jeweilige Anbieter oder Betreiber der Seiten verantwortlich. Die verlinkten Seiten wurden zum Zeitpunkt der Verlinkung auf mögliche Rechtsverstöße überprüft. Rechtswidrige Inhalte waren zum Zeit-punkt der Verlinkung nicht erkennbar.